Ex Libris Germain

Ce volume appartient à
la bibliothèque nationale

P. R.

*à M. Castagnary
hommage de
l'auteur
Comte de Montferrier*

L'ARMÉE DU RHIN

CAMPAGNE DE 1870

L'ARMÉE DU RHIN

Par le Comte de MONTFERRIER

TÉMOIN OCULAIRE

SARREBRUCK, FORBACH, BORNY, GRAVELOTTE,
SAINT-PRIVAT-LA-MONTAGNE,
L'INVESTISSEMENT DE METZ, SERVIGNY-LES-
SAINTE-BARBE, PELTRE, LADONCHAMPS,
L'APPEL AUX ARMES ET LA CAPITULATION.

BORDEAUX

IMP. AUG. BORD, RUE PORTE-DIJEAUX, 91

1871

PRÉFACE

. . . .
. . . .

Maintenant, revenant au sénatus-consulte, base du plébiscite, j'arrive à ces mots, que l'on semble avoir noyés exprès au milieu d'une longue phrase :

L'Empereur déclare la guerre. — Ainsi Napoléon III, de sa propre volonté, livré à sa seule initiative, peut compromettre la France, envoyer nos frères et nos fils à la mort, et cela sans consulter personne, dans un moment de mauvaise humeur; à une époque où sa vie physique et morale commence à être émoussée par les travaux et les tracas du pouvoir. Réfléchissez bien, avant de dire *Oui*, qu'il peut un jour, un instant même, oublier l'intérêt du pays, et se donner tout entier au plaisir d'une vengeance personnelle. Il ne serait pas un Napoléon s'il ne voulait pas la guerre. Les traités de 1815, pèsent sur sa dynastie comme une tache faite à l'honneur de son nom.

Le sang du duc d'Enghien, injustement versé par son oncle dans les fossés de Vincennes, n'est rien pour lui qui en a fait verser tant d'autre pour arriver au trône. Ce qu'il veut pour sa satisfaction personnelle, c'est la conquête des bords du Rhin.

Oui, nous l'aurons, votre Rhin allemand. — C'est l'héritage qu'il entend donner à son fils; il ne veut pas mourir avant d'avoir accompli ce désir qui le ronge; hier souffrant, il a abandonné malgré lui cette idée; aujourd'hui, la santé est un peu revenue, il veut reconquérir son pouvoir personnel pour arriver à ses fins.

Chaque *Oui* que vous allez déposer dans l'urne va être fatal à un de vos enfants. Quant à nous, nous dirons *Non*, parce que nous croyons que l'Empire est à la liberté ce que l'eau est au feu; *Non*, parce que nous voulons la paix et que *le Plébiscite c'est la guerre.*

Comte de Montferrier.

Metz, 29 avril 1870.

On peut voir, par ces quelques lignes que je publiais à Metz, à la fin d'avril, que je prévoyais et craignais tout à la fois cette guerre qui devait avoir pour nous des conséquences funestes de quelque côté que fut la victoire.

Ayant suivi l'armée depuis le commencement de la campagne, j'ai assisté à tous ses engagements et pris des notes que je n'eusse pas livrées à la publicité, avant la fin des hostilités, si je n'avais lu des rapports insultants pour des troupes si longtemps valeureuses.

Quoique Lorrain, j'ai autant que possible, raconté les faits sans partialité; mais je ne puis m'empêcher de dire, avec amertume, que lorsque l'ennemi est entré sur notre sol, nous n'avons pas trouvé de sympathie dans les départements éloignés. Personne n'a songé à venir à notre secours, et cependant, si l'invasion s'était produite sur un point opposé, on eût vu les Lorrains accourir avec enthousiasme pour faire de leurs poitrines un rempart à la mère patrie; car Metz est une ville essentiellement française de cœur, et l'on peut dire que la population a bien mérité, et qu'il n'a pas tenu à elle de ne point s'enterrer sous ses ruines.

L'ARMÉE DU RHIN

La campagne de 1870 s'ouvrit d'une façon ridicule à Sierck, petite ville de 2,000 habitants, à 20 kilomètres de Thionville. Cinq uhlans, ce sont les lanciers prussiens, vinrent bravement boire de la bière dans un cabaret situé en face de la gendarmerie Impériale, et repartirent sans être inquiétés en riant de la panique que leur présence avait jetée dans la population. Le maire, M. Valette, télégraphia au sous-préfet de Thionville, M. de Serres, que l'armée prussienne entrait en France ; le sous-préfet transmit la dépêche au préfet de la Moselle qui l'envoya au général de division Decaen, et, immédiatement, deux régiments, un d'artillerie à cheval et un d'infanterie, partirent en hâte de Metz pour soutenir la ville de Thionville aux abois. Une seconde dépêche, plus raisonnable, fit arrêter à peu près à temps le mouvement de nos troupes, et cette affaire vraiment risible, qui eut son retentissement officiel jusque dans la chambre des députés, nous amena à la triste découverte, que l'intendance, qui devait être prête aux éventualités de la guerre, ne l'était pas du tout. Quand il s'agit de se servir des voitures de transport pour la troupe, on les sortit des magasins pour les charger de vivres et de munitions ; mais lorsqu'on voulut les traîner les brancards vermoulus cédèrent, et l'on dut requérir des chariots de tous genres. Les chevaux manquaient aussi, et des officiers eurent mission d'en acheter aux marchands à n'importe quel prix.

La France avait écouté la voix des ministres, et répétait, avec enthousiasme, marchons !

Les trains passaient à Montigny, amenant les troupes du camp de Chalons vers Saint-Avold, on marchait ; mais on n'était pas prêt. Quatre-vingt dix mille hommes arrivaient sur les bords de la Sarre, sans vivres: depuis longtemps, il était dit que le pays pouvait les nourrir (voir les rapports de l'Etat major du département); et presque sans munitions, l'arsenal de Metz devait y pourvoir.

Or, au moment où les uhlans faisaient à Sierck leur entrée à sensation, la ville de Metz était complètement ouverte. Les forts n'étaient point armés, ils n'étaient pas même terminés; les magasins étaient vides, l'intendance attendait que la saison des pluies, en venant, amenât la baisse sur les fourrages qui avaient manqué en partie, et les avoines qui manqueraient complètement. Les blés promettant une assez bonne récolte on n'en avait pas acheté d'anciens. Les employés étaient sur les dents, on leur disait expédiez à Saint-Avold toutes vos rations, on va vous les remplacer, et ils expédiaient, et comme il leur manquait une quantité énorme de différentes denrées alimentaires, ils prenaient celles de la ville. Pendant ce temps là Metz restait toujours sans défense, et si des Prussiens hardis s'étaient présentés aux portes, ils n'auraient trouvé personne pour les empêcher d'y entrer. La population, justement inquiétée, voulut se garder elle-même, autant du moins qu'il était en son pouvoir, et une députation alla demander à la préfecture, l'organisation immédiate de la garde nationale. Le préfet accueillit très-bien les délégués ; mais la réponse fut ajournée.

Enfin, un des nombreux convois de troupes qui sifflaient aux alentours de la ville sans y entrer s'arrêta, et les messins saluèrent avec joie les premiers régiments qui vinrent camper au Ban-St-Martin et au Polygône. La guerre était patriotique, nul ne peut dire le contraire, toutes les opinions politiques avaient été anéanties du coup, tant l'amour de la patrie est grand chez les Français. L'arrogance de la Prusse avait porté l'indignation dans tous les cœurs, du reste avec l'empire ; cette guerre était inévitable : c'était une épée de Damoclés sans cesse suspendue sur nos têtes. On disait bien que l'on aurait dû frapper un coup au lendemain de Sadowa ou pendant le conflit avec le Danemarck ; on regrettait que le Luxembourg n'eut pas servi de prétexte, et puis, en réfléchissant, on arrivait à dire ; il eut été indigne des Français de choisir le moment où la Prusse était affaiblie et malade pour l'attaquer ; il faut des ennemis puissants à un peuple comme le nôtre pour qu'il remporte de grandes victoires.

On avait tant répété : « nous sommes prêts », qu'en voyant nos admirables troupes animées des sentiments les plus héroïques, on parlait du retour triomphal, avant même que d'être parti.

Un corps d'armée considérable occupait Metz et ses alentours, la population allait visiter les camps ; un régiment qui arrivait, amenait une grande joie, un départ jetait de la tristesse. On se demandait pourquoi on n'armait pas la place. Les canons étaient à l'arsenal, les bourgeois s'offraient à les hisser sur les forts ; il fallait, pour calmer leurs appréhentions, leur répondre : mais les Prussiens ne viennent pas en France, c'est nous qui allons à Berlin. C'était bien ce que nous voulions faire, mais les craintes des habitants n'en étaient pas moins fondées, et les événements, l'ont malheureusement prouvé fort peu de temps après.

L'agglomération de troupes dans nos murs et dans le département, amena bien vite la hausse sur notre marché, les habitants avaient du mal à vivre, les militaires absorbaient tout, les trains du chemin de fer amenaient sans cesse des soldats et du matériel, mais pas de vivres ; les marchandises n'entraient plus en gare, les sucres, les cafés, en route depuis longtemps étaient garés à Frouard ; le peu qui passait n'était pas pour nous, nos entrepôts étaient vides, ni sel ni farine, on avait bien le temps d pourvoir aux besoins de la ville ; au fait, comment penser à la famine en voyant circuler une nuée d'intendants ; comment songer à être assiégés en écoutant une armée qui se moquait de Trèves et de Sarrelouis et se dirigeait sans coup férir sur Mayence et Coblentz.

L'armée du Rhin se composait de 3 corps.

2e corps : général Frossard ; chef d'état-major : général Saget.

— 1re division : général Vergé.

1re brigade : Letellier Valazé, 3e bataillon de chasseurs, 32e et 55e de ligne ; 2e brigade : Jolivet, 76e et 77e de ligne.

— 2e division : général Bataille.

1re brigade : Pouget, 12e bataillon de chasseurs, 8e et 23e de ligne ; 2e brigade : Fauvart-Bastoul, 66e et 67e de ligne.

— 3e division : général de Laveaucoupet.

1re brigade : Doens, 10e bataillon de chasseurs, 2e et 64e de ligne; 2e brigade : Micheler, 24e et 40e de ligne.

— Division de cavalerie : général Lichtlin.

1re brigade : de Valabrègue, 4e et 5e chasseurs ; 2e brigade : Bachelier, 7e et 12e dragons.

3me corps d'armée : maréchal Bazaine ; chef d'état-major : général Manèque.

— 1re division : général Montaudon,

1re brigade : Aymard, 18e bataillon de chasseurs, 51e et 62e de ligne ; 2e brigade : Clinchant, 81e et 95e de ligne.

— 2e division : général Castagny.

1re brigade : Cambriels, 15e chasseurs à pied, 19e

et 41e de ligne ; 2me brigade : Duplessis, 69e et 90e de ligne.

— 3e Division : général Metmann.

1re brigade : de Potier, 7e bataillon de chasseurs, 7e et 29e de ligne ; 2e brigade : Arnaudeau, 50e et 71e de ligne.

— 4e division : général Decaen.

1re brigade : de Bauer (Joseph) : 11e chasseurs à pied, 44e et 60e de ligne ; Sanglé et Ferrières : 80e et 85e de ligne.

— Division de cavalerie : général de Clérambault.

1re brigade : Bruchard, 8e, 5e et.10e chasseurs ; 2e brigade : de Maubranches, 2e et 4e dragons; 3e brigade : de Juniac, 5e et 8e dragons.

4e corps d'armée : général de Ladmirault : chef d'état-major : général Osmont.

— 1re division : général de Cissey.

1re brigade : Brayer : 20e bataillon de chasseurs, 1er et 6e de ligne; 2e brigade : de Golberg : 57e et 75e de ligne.

— 2e division : général Grenier.

1re brigade : Bellecourt, 5e bataillon de chasseurs, 13e et 43e de ligne ; 2e brigade : Pradier, 64e et 98e de ligne.

— 3e division : général de Lorencez.

1re brigade : Pajol, 2e bataillon de chasseurs, 15e et 33e de ligne ; 2e brigade : Berger, 54e et 65e de ligne.

— Division de cavalerie : général Legrand,

1re brigade : Montaigu, 2e et 7e chasseurs ; 2e brigade : de Gondrecourt, 3e et 11e dragons.

Au début de la campagne le deuxième corps fut dirigé sur Saint-Avold et occupa tout le territoire de la frontière, compris entre cette ville et les stations de Hombourg et Bénin-Merlebach.

Le troisième corps était demeuré à Metz et dans ses environs, pendant que le quatrième occupait Thionville et tout le pays en avant de Sierck, Bouzonville et Boulay.

Ces trois corps devaient manœuvrer concurremment, appuyant leur gauche sur le territoire neutre du Luxembourg et leur droite devant peu à peu se relier avec le cinquième corps (général de Failly) qui occupait Bitche.

Quelques uhlans étant venus faire invasion sur le territoire français, du côté de Forbach, Grosbliederstroff et Sarreguemines; la division Bataille, du deuxième corps, vint camper autour de Forbach, entraînant dans sa marche un mouvement général qui amena le troisième corps à quitter Metz pour venir occuper les positions du deuxième corps. Le quatrième corps étendit son aile droite autant qu'il le pût pour ne pas diviser les forces. Malheureusement, l'espace occupé était trop vaste pour des corps d'armée aussi peu considérables. Ils ne représentaient, en effet, qu'un effectif réel de 90,000 combattants.

La division Bataille a joué un si grand rôle dans l'histoire de cette guerre qu'il importe d'en connaître exactement la composition ;

Le colonel (d'état-major) Loysel, chef d'état-major ;

Le commandant d'état-major Magnan, les capitaines Miotte et Truchy;

Le commandant du génie Lesdos ;

Le capitaine d'état-major Imbourg, aide de camp du général Bataille, et le lieutenant de chasseurs à pied Couturier, officier d'ordonnance.

Le 20 juillet, la division reçut son artillerie, la 1re brigade, la 7e batterie du 5e (capitaine Bobet) la 2e brigade, la 8e du 5e (capitaine Benoit), et une compagnie du génie 12e du 3e régiment.

Le 4e et le 5e chasseurs à cheval commandés par le colonel du Ferron, du 4e, complétaient l'effectif.

L'élan des troupes était remarquable; tous les régiments brûlaient du désir d'attaquer et des ordres sévères dûrent plusieurs fois être donnés pour empêcher les reconnaissances de dégénérer en attaques sérieuses. Nous n'avions aucun renseignement sur la position de l'ennemi, en face de nous, et il est à penser, que si nos espions nous servaient mal, c'est qu'étant presque tous gens du pays, ils étaient bien plus Prussiens que Français.

Le maire de Forback était Bavarois ; le sénateur baron de Geyer était Allemand; presque tous les ouvriers des usines de Styring-Wendel étaient Prussiens ; les cultivateurs Français, des villages limitrophes, cultivaient tous sur le territoire de la Prusse. — Tous ces gens voyaient avec désespoir, l'arrivée d'une armée qui allait ruiner leur sol et interrompre leur industrie. C'était tous les jours, contre nos soldats, des réclamations, peut-être fondées, mais à coup sûr peu patriotiques. Il fallait cependant, que l'armée trouvât sa subsistance. L'intendance semblait n'avoir rien prévu, tout manquait jusqu'au tabac. On était à Forbach depuis le 18 et ce n'est que le 20 au soir que les employés des vivres arrivèrent pour organiser le service.

Le 22 juillet, la brigade Bastoul alla camper sur les hauteurs de Spicheren, étendant ses avant-gardes jusqu'à la pointe de la montagne, juste au-dessus des bornes qui séparent la France de la Prusse, à 2 mille mètres environ du terrain de manœuvre de Sarrebruck.

La brigade Pouget avait envoyé le 8ᵉ régiment d'infanterie en avant des forges de Styring, à gauche de la route de Sarrebruck, pour garantir les usines et les mines de Petite-Rosselle des fréquentes invasions prussiennes qui jetaient une grande perturbation dans le pays.

Le 24, le général Bataille reçut du général Frossard l'ordre de prendre Sarrebruck. Ce n'était pas l'avis du général Bataille d'enlever des positions dans lesquelles il savait ne pouvoir se maintenir. Il avait étudié le pays et considérait cette attaque comme complètement intempestive. Les troupes n'avaient pas de vivres de campagne, et les ambulances n'étaient point encore arrivées. Les bois de Schœneck, sur la gauche, et ceux de Spicheren, sur la droite (que nous ne pouvions occuper, vu leur immense étendue), bordant la frontière prussienne, offraient à l'ennemi des abris d'où il pouvait faire des sorties.

Mais le général Frossard avait hâte d'en venir aux

mains. Il voulait à tout prix que son corps d'armée fut le premier engagé, afin d'obtenir le bâton de maréchal qu'il était venu chercher. La division obéit donc à l'injonction du général en chef; la brigade Pouget opéra une diversion sur Emerswiller, et la brigade Bastoul déploya ses forces entre la pointe de Spicheren et Saint-Arneval, violant ainsi pour la première fois, en masse, le territoire prussien.

L'attaque cependant n'eut pas lieu, l'artillerie n'ayant pu franchir les ravins. Cette démonstration fut considérée comme une simple reconnaissance.

A dater de ce jour, il y eut continuellement des engagements partiels, intéressants pour les débuts d'une campagne, mais dont le résultat était complètement insignifiant.

Une fausse alerte qui avait mis tout le camp en émoi, avait montré combien nous nous gardions mal, et eut dû nous servir de leçon pour l'avenir.

Le bruit était très répandu dans l'armée que les hauteurs de la Hann, qui sont le rempart naturel de Sarrebruck, étaient minées. C'est pour cela qu'on dirigea toutes les études d'attaque vers St-Arneval, pour tourner la position.

Le 26 au soir, nous vîmes des hauteurs de Spicheren de forts rassemblements sur le plateau de la Hann; on pensa que ce mouvement avait eu pour cause la présence de tout l'état-major, sur la route de Sarrebruck, à la Brême-d'Or.

Le 28, le général Bataille, après avoir fait donner l'ordre au général Bastoul d'établir une batterie masquée sur la pointe de Spicheren, se rendit comme l'avant-veille au milieu de la plaine, derrière la Brême, pour attirer de nouveau l'ennemi.

Soit que les Prussiens eussent reconnu le mouvement opéré par notre artillerie, soit que la démonstration de l'avant-veille n'eut pas été une tentative de coup de main comme on l'avait supposé, ils ne firent sortir que peu de monde et le groupe qui vint examiner l'état-major nous sembla être composé d'officiers.

Un violent orage ayant éclaté en quelques minutes, les Prussiens se mirent à l'abri dans la brasserie de Bellevue qui couronne la route de Sarrebruck, à l'angle du terrain de manœuvre.

A ce moment, le capitaine Benoit démasqua sa batterie et ouvrit le feu avec tant de précision que plusieurs boulets entrèrent dans la maison et firent de nombreuses victimes.

Le bruit du canon mêlé à celui du tonnerre produisait un effet d'autant plus imposant que c'était la première fois que l'on entendait gronder l'artillerie. Cette canonnade eut pour résultat de forcer les Prussiens à reculer leur poste d'observation et, par contre, de faciliter le service de nos grandes gardes.

Le 29, nous eûmes tous une grande joie à l'arrivée de la 9e batterie du 5e (capitaine Dupré), qui amenait 6 mitrailleuses à la division. On en avait tant parlé, que les soldats fondaient un grand espoir de victoire sur ce nouvel engin et que le retard mis dans l'envoi finissait par faire croire que cette invention n'était que dans l'imagination des journalistes.

Le 31, la division Laveaucoupet traversa Forbach, prenant la route de Sarreguemines pour occuper la rive gauche de la Sarre, en face de Saint-Arneval et renforcer l'aile droite de la division Bataille. Le défilé de la 3e division, avec son artillerie, ses ponts et ses bagages, ne dura pas moins de dix heures.

La division Vergé se rapprocha de Forbach. Le 3e corps suivit le mouvement. On sentait qu'une attaque devenait imminente.

Le 1er août, le maire de Petite-Rosselle vint au quartier général se plaindre que des fantassins et des uhlans avaient fait invasion dans le village, et tiré sur des enfants et sur des moissonneurs.

Un fort détachement d'infanterie était venu en même temps attaquer nos avants-postes de la Brême. Plus loin, sur la gauche, des cavaliers avaient fait irruption dans Carling et l'Hôpital. Nos espions racontaient que les Prussiens se massaient du côté de Saint-Imbert. L'avis du général Bataille, dont la bravoure est proverbiale, était que l'on se fortifiât, mais que l'on n'attaquât point. Les forces prussiennes signalées étant beaucoup trop considérables pour que l'on pût être certain d'une victoire utile.

Comme le 24, son opinion ne prévalût pas, et le 2, la division eut l'ordre d'être en bataille pour neuf heures du matin, à la pointe de Spicheren.

La brigade Bastoul, 66e, 67e et 8e batterie du 5e, se

rangea aux pieds des hauteurs de Sarrebruck, à droite de la route, prête à monter à l'assaut; la division Laveaucoupet devait fortifier sa droite, en suivant la route de Saint-Arneval; le 24ᵉ reliait les deux corps. A gauche de la route de Sarrebruck, la brigade Pouget devait marcher sur la Hann aussitôt qu'on serait maître des hauteurs.

Pendant que ces préparatifs se faisaient, le 4ᵉ corps d'armée opérait une diversion sur Sarrelouis. Le 3ᵉ corps, servant de réserve au 2ᵉ, avait à sa droite la division Montaudon et à sa gauche la division Metmann. A neuf heures et demie, l'ordre d'attaquer est donné; les premiers bataillons du 67ᵉ et du 66ᵉ se déploient en tirailleurs. Notre artillerie, des hauteurs de Spicheren, surveille le mouvement. Les Prussiens, devant ce déploiement de forces, courent de tous côtés prendre leurs postes de défense et ouvrent bientôt un feu meurtrier. Nos soldats ont 1,800 mètres à parcourir. Ils avancent en ordre parfait, leurs officiers à leur tête. Le colonel Mangin, du 67ᵉ, se signale tout particulièrement par son valeureux sang-froid. Les balles prussiennes pleuvent comme la grêle, mais rien ne peut arrêter l'élan de nos régiments. Ils montent au pas de course sans presque riposter au feu de l'ennemi et si la terre ne se jonchait pas de cadavres, on se croirait à une manœuvre de parade.

Cependant les Prussiens commencent, sur certains points, à reculer; leur tir est moins serré; on lance de nouveaux bataillons qui gravissent rapidement les pentes et renforcent leurs frères d'armes.

En ce moment, les Prussiens démasquent, à la pointe du bois d'Arneval, une batterie qui nous prend en écharpe.

Il est onze heures; nous sommes maîtres des hauteurs, l'artillerie quitte au galop la pointe de Spicheren et vient s'établir sur la position conquise pour attaquer la gare de Sarrebruck, véritable forteresse qui nous domine et d'où les Prussiens nous canonnent. Sous le feu habilement dirigé contre eux par le capitaine Benoit, avec sa batterie de 4, ils sont bientôt obligés de quitter cette position et se retirent sur les hauteurs de Saint-Jean.

L'artillerie de la division Laveaucoupet a éteint le feu de la batterie du bois d'Arneval.

En ce moment, un hourrah formidable retentit dans toute l'armée française. Ce sont les soldats qui saluent l'empereur et son fils.

Les Prussiens recommencent le feu à plus de trois mille mètres; les pièces de 4 ne pouvant lutter à cette distance, on fait avancer une batterie de 12 de la réserve du 2e corps, qui leur riposte avec avantage. Ils s'éloignent encore, mais la précision de notre tir ne leur laisse pas le temps de se mettre en batterie.

La brigade Pouget (commandée par le colonel Haca, le général étant tombé gravement malade dès le début de la campagne) monte sans obstacle à la Hann, au son des musiques qui jouent *La Marseillaise*.

L'empereur y arrive avec son fils. Les balles sifflent encore. Les mitrailleuses du capitaine Dupré viennent se mettre en batterie. Deux bataillons prussiens battent en retraite dans le lointain. Un roulement formidable se fait entendre. Ce sont les mitrailleuses qui viennent pour la première fois d'essayer leur puissance meurtrière sur l'ennemi. Un bataillon est presqu'anéanti. Les hommes qui ont survécu à cet horrible massacre fuient égarés dans la plaine. Le second bataillon, plus heureux, parvient à se défiler en partie derrière un talus du chemin de fer et échappe ainsi à une destruction complète.

L'empereur se retire. L'armée l'acclame de nouveau. Le feu cesse. L'engagement a été brillant. C'est une belle page de plus acquise à la gloire du général Bataille et de son état-major.

L'ambulance de la 2ᵉ division du 2ᵉ corps fut admirable par la promptitude de ses secours aux blessés.

L'empereur était rentré à Metz dans la journée et tout rayonnant de joie, il avait annoncé la victoire et l'incendie de Sarrebruck. Or, le feu n'avait dévoré que deux magasins, et encore c'étaient les Prussiens qui l'avaient mis en partant et quant à la victoire qui le rendait si heureux, on pouvait voir, le soir même, sur le front du général Bataille, un air sévère qui prouvait qu'il persistait dans son opinion de la veille, et que le succès ne l'empêchait pas de songer aux dangers du lendemain. Sa division campait sur le territoire conquis, et son quartier-général était dans l'ancienne douane prussienne. Le général Frossard lui, dînait sans préoccupation dans la Brême-d'Or et s'endormait tranquillement sur les lauriers de la journée.

Depuis le 18 juillet jusqu'au 2 août, l'armée avait été éclairée par les douaniers. Ces braves soldats, mal armés, avaient partagé tous les dangers des premières escarmouches et rendu d'immenses services. Ils connaissaient les fonds les plus reculés des forêts et, habitués à une grande vigilance, ils savaient distinguer au loin les pas les plus furtifs. Leur présence était donc absolument nécessaire dans un pays aussi boisé que celui de Forbach, et leur zèle à toute épreuve garantissait à l'armée des surveillants fidèles.

Un ordre du maréchal Lebœuf, major-général de l'armée, les fit quitter les frontières pour aller monter une garde inutile aux portes de Metz. Il en fut de même d'un capitaine de la mobile, enfant du pays, ancien sous-officier de cavalerie, M. Barabino. Il avait servi d'éclaireur au 4e et 5e chasseurs à cheval, dans les reconnaissances, ses services étaient nécessaires sinon indispensables; le général Bataille demanda à le conserver; sa démarche n'eut pas de résultat, il semblait que l'on voulût enlever à cette armée tous les moyens de se garder.

Enfin, pour en finir avec cette première période de la campagne, il est impossible de ne pas jeter un blâme sur l'intendance qui trouva moyen d'être négligente jusque dans les détails les plus ordinaires.

Le 3 août, la 1re division Vergé vint remplacer dans ses positions la 2e division Bataille, qui se replia à courte distance. La division Laveaucoupet occupait Saint-Arneval.

Le 4 au matin, le général Bataille reprit la route de Forbach et campa sur les hauteurs de Œtingen. Pendant ce temps, le général Vergé se repliait sur Styring et Forbach, et le général Laveaucoupet sur Spicheren. Ce mouvement avait été nécessité par l'annonce de l'arrivée de fortes colonnes prussiennes. Telles étaient les positions occupées le 6 au matin par le 2e corps d'armée. Le général Bataille avait eu raison, on eut mieux fait de se fortifier que d'aller inutilement au-devant du danger. Le général Frossard logeait chez le maire de Forbach, et semblait complètement indifférent aux terribles événements qui se préparaient.

Le 6 au matin, la 3e division Laveaucoupet est attaquée à huit heures par l'artillerie et l'infanterie prussienne en front et d'Arneval.

Le général Bataille entend la canonnade des hauteurs de Œtingen et fait prévenir le général Frossard, qui lui répond de ne pas s'en inquiéter que c'est un engagement d'artillerie contre artillerie de la Hann contre Spicheren. Il était alors dix heures et demie, la canonnade ayant pris de très fortes proportions, le général Bataille monte à cheval et se porte en avant. A onze heures et demie, un officier d'état-major de Laveaucoupet vient demander du secours.

Le général Bataille détache les 66e, 67e et la 7e batterie du 5e, gardant le 12e chasseurs à pied, les 8e et 23e de ligne; les hommes partent sans sac en renversant les marmites. Au même moment, le général Frossard, qui commence à prendre l'affaire au sérieux, fait prévenir que la 1ʳᵉ division Vergé est engagée contre des forces importantes et demande des renforts. On lui envoie un bataillon du 23ᵉ de ligne. Sur une nouvelle demande de secours, le général Bataille marche lui-même avec le 8ᵉ de ligne, deux bataillons du 23ᵉ et son artillerie, laissant, pour défendre la position, le 12ᵉ chasseurs à pied et les mitrailleuses. En traversant Forbach, il trouva le général Frossard chez le maire; au loin, la division Vergé est de plus en plus engagée, il se porte au pas de course à Styring avec deux bataillons du 23ᵉ, le général Frossard ayant conservé le 8ᵉ de ligne comme réserve.

Arrivé à Styring, le général Bataille prend lui-même la direction de l'attaque, en avant du village, déloge les Prussiens de la ligne du chemin de fer et se maintient dans cette position, ses renforts ayant permis aux troupes de la 1ʳᵉ division de reprendre l'offensive; le 76ᵉ et le 77ᵉ faisaient des prodiges de valeur.

Du point de Styring, le général Bataille, qui avait parfaitement étudié le pays, pouvait juger les mouvements et les attaques du plateau de Spicheren. Il remarqua bientôt, à un recul de nos troupes, que la position devait être très-difficile à maintenir. Il fit demander au général Frossard le 8ᵉ de ligne, mais celui-ci qui l'avait retenu pour sa garde personnelle le refusa, et ce ne fut que sur une prière réitérée, qu'il consentit à le laisser partir.

Arrivé à hauteur de Styring, ce régiment a deux bataillons détachés sur Spicheren par le chemin de traverse, au milieu des bois ; ils remplacent le 67ᵉ de ligne descendu du plateau sur un ordre du général Frossard, prescrivant à la brigade Bastoul de venir tomber sur le derrière des Prussiens, par la grande route de Spicheren à Styring ; mouvement intempestif qui n'a pu être exécuté, en raison du fort engagement que cette brigade et la division Laveaucoupet avaient avec l'ennemi.

Le général Bastoul ne détacha le 67ᵉ que sur un nouvel ordre impératif de descendre des hauteurs sur Styring, la division Laveaucoupet ayant assez du 66ᵉ et des 2 bataillons du 8ᵉ comme renfort pour soutenir la position de Spicheren. Le général Bataille, pour faciliter le mouvement de cette division, se décida à marcher en avant. Il fit enlever par le 67ᵉ, qui venait de le rejoindre, le bois situé en avant des forges de Sytring, faisant appuyer ce régiment par le bataillon du 23ᵉ et celui du 8ᵉ qui lui restaient comme réserve.

C'est en opérant cette attaque que le lieutenant-colonel Thibaudin (qui commandait le 67ᵉ, le colonel Mangin venant d'être nommé général) rencontra une batterie d'artillerie abandonnée ; tous les servants et les chevaux ayant été tués. Il voit près de ces pièces le lieutenant d'artillerie Chabord grièvement blessé. Il donne l'ordre qu'on l'enlève : « Oh, mon colonel, s'écrie cet officier, sauvez d'abord mes pauvres pièces, vous reviendrez me chercher quand vous serez maître de la position. »

A ce moment, le général Frossard vint rejoindre le général Bataille et lui communiqua l'ordre de battre en retraite. Le général ne jugea pas le moment opportun, un mouvement de retraite eut pu entraîner une déroute. Il se maintint donc dans ses positions.

La situation n'était pas mauvaise, la division Laveaucoupet tenait bien ; seule, la division Vergé avait beaucoup à souffrir, se trouvant dans une gorge resserrée, et offrant par conséquent des lignes épaisses au feu que l'ennemi dirigeait sur elle des bois environnants.

Cependant, sur un deuxième ordre du général Frossard de battre en retraite, le général Bataille, forcé d'obéir, envoie prévenir le 67e de se replier ; pendant ce temps il fait filer devant lui par les bois le 23e et le bataillon du 8e de ligne ; le mouvement s'exécute en bon ordre, sans que les troupes soient inquiétées. Elles reprennent la route du plateau d'Œtingen et viennent se reformer dans leurs anciens campements. Il était 8 heures du soir, l'artillerie(batterie Benoit) qui avait tiré jusqu'à son dernier boulet pour soutenir la retraite de la 3e division sur Grosbliederstroff, vient avec le 66e reprendre vers la même heure ses anciennes positions.

La première division avait suivi le mouvement de retraite et se dirigeait sur le même point que le général Laveaucoupet. Son mouvement était appuyé par une diversion opérée par les dragons sur la route de Sarrelouis.

Cette journée très-meurtrière pour nous avait été

désastreuse pour les Prussiens. Du côté de Spicheren et de Saint-Arvenal, le 8e et le 2e avaient fait un grand carnage. Dans la vallée de la Brême et dans les bois qui l'entourent, le sol était jonché de cadavres. Un général prussien avait été tué et l'ennemi qui était arrivé en masses compactes par plusieurs points avait partout été maintenu à coups de mitrailleuses dans la plaine et dans les bois à coups de baïonnette.

Ce n'est qu'à six heures du soir et quand l'ordre de battre en retraite eut été donné, que les Prussiens osèrent attaquer Forbach du côté du cimetière en arrière de la gare.

Il est de notoriété publique que si le général de la 1re division du 3e corps d'armée Montaudon, qui se trouvait avec ses troupes à peu de distance, en arrière du 2e corps, était venu à son secours quand on vint le lui demander; la défaite eut pu être changée en une immense victoire, car l'ennemi consterné par ses pertes considérables n'osait avancer, craignant un piége dans cette retraite, et ne fit son entrée à Forbach que le lendemain en plein jour.

Le bruit s'est répandu et nul n'a osé le démentir, que le général Montaudon aurait répondu à l'officier d'état-major, qui lui avait été dépêché par le général Frossard : « Si le 2e corps est abimé, je n'ai pas envie de faire écharper ma division pour le sauver. »

A sept heures du soir, les Prussiens tiraient sur la gare du chemin de fer et l'on doit à la présence d'esprit de M. Gambaro, ingénieur de la compagnie, le sauvetage des wagons chargés de munitions de guerre qu'il refoula sous le feu de l'ennemi jusqu'à Saint-Avold.

Malgré les efforts d'une compagnie du génie campée dans la gare, les Prussiens coupèrent la voie et nos blessés et une grande partie de nos bagages restèrent en leur pouvoir.

Le général Frossard quitta en ce moment la maison du maire de Forbach et se rendit sur le plateau de Œtingen, donnant l'ordre de se diriger sur Sarreguemines.

L'encombrement était immense, plus de six cents voitures, sans compter l'artillerie.

Le général Bataille prend la direction du mouvement, fait filer le convoi par la route de Behren, prescrivant à la division Leveaucoupet de revenir à sa place sur le plateau de Œtingen. Cette division engagée sur la route de Grosbliederstroff est arrêtée un instant par la division Vergé qui l'avait précédée.

Le général Vergé apprend que Grosbliederstroff est occupé par l'ennemi, il fait faire un mouvement en arrière et gagne Sarreguemines par des chemins de traverse.

Le colonel du Ferron, du 4e chasseurs à cheval, reconnaît bien vite que les Prussiens ne sont point sur notre territoire de ce côté; il en prévient le général Laveaucoupet, qui continue sa marche sans encombre.

Le général Bataille, à deux heures du matin, a

fini de faire défiler le convoi et prend lui-même la route de Sarreguemines avec la brigade Bastoul, laissant sa première brigade pour protéger sa retraite. Malheureusement, il est coupé par la division Montaudon qui s'était avancée jusqu'à Grosbliederstroff et n'avait pas jugé à propos de venir au secours de ses frères d'armes.

Le désordre ne dura pas longtemps, grâce au sang-froid du général Bataille, et toute la division put être réunie à Sarreguemines à neuf heures du matin.

Pendant que nos troupes sans se reposer reprenaient, sur l'ordre du général commandant le 2ᵉ corps, la route de Puttelanges, où elles arrivaient à quatre heures du soir, les Prussiens faisaient leur entrée à Forbach, où une partie de la population, le maire en tête, les recevait à bras ouverts.

Il est à noter que si jamais nous n'avons obtenu dans le pays de renseignements sur les positions ennemies, il s'est trouvé quantité de misérables pour divulguer tous nos mouvements.

Dans cette bataille de Forbach, la première division a eu deux mille hommes hors de combat, la deuxième onze cents hommes et douze cents disparus, rentrés depuis. La troisième trois mille hommes hors de combat.

Au moment de cette retraite on apprit à Sarreguemines qu'une brigade du 5ᵉ corps d'armée (général Lapasset : 14ᵉ bataillon de chasseurs, 49ᵉ et 84ᵉ de ligne et 3ᵉ lanciers, plus une batterie d'artillerie) avait été oubliée en Prusse par le général de

Failly, commandant le corps, qui lui avait emporté ses provisions et ses bagages, au moment où il levait le camp pour se porter le 4 à Wissembourg.

Cette brigade opéra sa retraite en bon ordre, recueillit sur son chemin les disparus de la journée du 6, et depuis cette époque fit partie de l'armée du Rhin, où elle a laissé de brillants souvenirs.

Pendant que se passaient les événements de Reichsoffen et de Forback, la garde impériale était arrivée à Metz ayant à sa tête le général Bourbaki ; général chef d'état-major d'Auvergne.

— 1re division : général Deligny ;

1re brigade : général Brincourt (chasseurs à pied, 1er et 2e voltigeurs) ; 2e brigade : Garnier (3e et 4e voltigeurs) ;

— 2e division : général Picard ;

1re brigade : général Jeamingros (zouaves et 1er grenadiers) ; 2e brigade : général de Poitevin ; (2e et 3e grenadiers) ;

— 3e division : général Desvaux ;

1re brigade : général Halma de Frétay (guides, chasseurs) ; 2e brigade : général de France (lanciers, dragons) ; 3e brigade : général Dupreuil (cuirassiers, carabiniers) ;

Elle y fut bientôt suivie par le 6e corps d'armée ; commandant en chef : maréchal Canrobert ; chef d'état-major : général Henry ;

— 1re division : général Tixier ;

1re brigade : général Péchot (9e chasseurs à pied, 4e et 10e de ligne) ; 2e brigade : général le Roy de Daïs (12e et 100e de ligne.)

— 2ᵉ division : général Bisson ;

1ʳᵉ brigade : Noël (9ᵉ et 14ᵉ de ligne) ; 2ᵉ brigade : général Maurice (20ᵉ et 31ᵉ de ligne) ;

— 3ᵉ division : général Lafond de Villiers ;

1ʳᵉ brigade : Buquet de Saunay (75ᵉ et 91ᵉ de ligne) ; 2ᵉ brigade : Colin (93ᵉ et 94ᵉ de ligne).

— 4ᵉ division : général de Martinprey ;

1ʳᵉ brigade : de Marguenat (25ᵉ et 26ᵉ de ligne) ; 2ᵉ brigade : de Chanabrielles (28ᵉ et 70ᵉ de ligne) ;

— Division de cavalerie : général de Salignac de Fénélon ; 1ʳᵉ brigade : général Tillard (1ᵉʳ hussards et 6ᵉ chasseurs) ; 2ᵉ brigade : Savaresse (1ᵉʳ et 7ᵉ lanciers) ; 3ᵉ brigade : de Réville (5ᵉ et 6ᵉ cuirassiers).

L'Empereur avait désigné le 6ᵉ corps pour aller au devant du maréchal de Mac-Mahon, dont l'armée avait été complètement détruite, mais le maréchal Lebœuf, major général, en avait décidé autrement, et de sa propre autorité, avait appelé le maréchal Canrobert à Metz. Si les ordres du souverain avaient été exécutés, les choses auraient peut-être changé de face ; ces quatre divisions qui furent à peu près inutiles pendant la durée de la campagne, auraient servi de noyau à la formation d'une nouvelle armée.

Le désespoir de l'empereur était profond, il ressortait d'autant plus aux yeux du public, que son entourage semblait par ses rires et ses démonstrations extérieures, indifférent à nos désastres.

Il sentait la fin prochaine de sa puissance et parmi tous ces gens chamarrés d'or, et de décorations il ne s'en trouvait pas un pour lui apporter des consolations et lui donner un bon conseil.

C'est vers cette époque qu'arriva le général Changarnier, la population le salua avec enthousiasme, il s'emblait qu'il dût être notre sauveur. L'empereur l'accueillit fort bien et accepta les conseils qu'il lui donna de réduire le plus promptement au stricte nécessaire, tous ces convois qui avaient fait notre perte à Reichsoffen et qui nous avaient à la retraite de Forback empêchés de prendre position pour arrêter l'ennemi dans sa poursuite.

Notre armée, rappelait par ses impédimenta celle de Darius ; plus de six mille hommes inutiles étaient attachés au service des bagages, la surveillance en était très-difficile ; ils restaient dans les camps pendant les engagements, pillant, gaspillant sans qu'on pût les surveiller, et pendant les marches encombrant les routes au point d'empêcher la circulation des troupes actives.

Sur les observations du général Changarnier, des ordres sévères furent donnés, afin de faire rentrer dans les arsenaux, tous les fourgons inutiles et une partie des voitures de réquisitions qui sous le titre de train auxiliaire coûtaient fort cher au trésor et rendaient fort peu de services.

La population de Metz, commançait à fermenter ; on avait armé, sans contrôle, tous les habitants et on leur avait distribué des cartouches ; beaucoup se plaignaient de la présence de l'Empereur. Il avait annoncé devoir établir son quartier général à Metz ; et l'on sentait bien, que ce flot prussien qui venait tout d'un coup d'inonder notre territoire, allait se précipiter sur la ville pour s'emparer de sa personne; le roi de Prusse ayant dit dans une proclamation qu'il faisait la guerre à l'Empereur, et pas à la nation française.

Il ne faudrait pas conclure de ce qui précéde que les habitants de la ville eussent peur d'un siège ; ils s'y attendaient et étaient bien décidés à se défendre ; mais les quatre forts qui dominaient la ville, étaient loin d'être terminés, les pièces destinées à les armer, étaient encore à l'arsenal, les affûts étaient démontés ; le St-Quentin se défendait lui-même par sa position formidable, Plappeville construit sur la roche pouvait être garni en peu de jours ; mais, St-Julien et Queuleu n'avaient pas leurs gorges fortifiées et les travaux avaient été exécutés si légèrement, qu'à chaque pluie, les murs de soutainement glissaient sur le sol glaiseux. Il eut fallu, au minimum vingt jours pour les terminer et 20 mille hommes au moins pour les garder. Or, l'ennemi était à nos portes et la garnison se composait de cinq mille mobiles ayant par 3 hommes, un artilleur régulier pour les instruire.

Toute l'armée vint bientôt, chassée par les Prussiens, se réfugier à l'abri des murs de Metz.

Le 4ᵉ corps, après avoir marché vers Saint-Avold, le 6 et le 7 août, à la nouvelle du désastre de Forback, était revenu vers Glatigny, Cheuby et Sainte-Barbe.

Le 3ᵉ corps, commandé par le général Decaen (le maréchal Bazaine, avait été nommé général en chef de l'armée, et le général Aymart avait remplacé le général Decaen à la division) était venu prendre position en avant de Borny.

Le 2ᵉ corps, qui de Puttelanges avait effectué sa retraite sur Metz, par Lemstroff et Remilly, se trouvait à Ars-Laquenexy.

Le général Manéque, s'écriait au désespoir : « Jamais pareille chose ne se sera vue dans les an-
» nales françaises, battre en retraite, sans avoir vu
» l'ennemi et perdre sans savoir pourquoi l'occa-
» sion de combattre dans des positions magnifi-
» ques. »

On sentait que la situation devenait critique, les derniers éclairs d'intelligence de l'Empereur, en faisant luire la triste réalité à ses yeux, le jetaient dans un grand abattement ; il ne se montrait plus en public, l'accueil glacial de la population et de l'armée, lui prouvant que son prestige était éteint. Des témoins oculaires affirment, qu'il pleurait en embrassant son fils. Il entrevoyait déjà, sans doute, le triste héritage qu'il allait lui léguer.

Le maréchal Lebœuf avait donné sa démission de major général ; le général Frossard, qui était venu voir son pupille le prince Impérial, avait été fort mal reçu ; cependant, l'élévation du maréchal Bazaine au titre de général en chef de l'armée du Rhin, avait rendu un peu de confiance aux troupes et l'activité que l'on déployait pour l'achèvement des forts avait ramené la tranquillité chez les habitants de Metz.

Le préfet, monsieur Paul Odent, avait envoyé une

circulaire à tous les maires des communes non encore envahies, les invitant à faire rentrer dans le périmètre des forts, les troupeaux et les denrées, annonçant qu'ils seraient payés, à des prix très-élevés.

Peu de villageois se rendirent à cet appel soit qu'ils crussent le danger encore éloigné, soit qu'ils voulussent attendre dans l'espoir de vendre encore plus cher. Ceux là seuls qui vinrent pour rester dans nos murs, furent les peureux, se sauvant devant la menace des prussiens, d'emmener tous les gens valides, pour travailler aux terrassements des nouvelles lignes de chemins de fer, qu'ils établissaient pour le transport de leur matériel de guerre. Ils apportèrent avec eux un peu plus de quarante jours de vivres exigés pour le séjour de chaque étranger, laissant aux Prussiens, des maisons vides d'habitants et à peu près pleines de denrées. Si nous sommes obligés en cette circonstance de blâmer, l'avarice et la poltronnerie des gens des campagnes nous ne devons pas oublier, les maires qui ont abandonné leurs communes, livrant ainsi les habitants à leur propre initiative dans des moments aussi difficiles.

Le 13 août, la ville de Pont-à-Mousson, fut le théâtre d'une brillante escarmouche ; un régiment de dragons prussiens, vint en prendre possession et démonta les rails du chemin de fer, coupant ainsi la communication de Paris. A la nouvelle de la brusque apparition de l'ennemi sur les bords de la Moselle, le 1er chasseurs d'Afrique monta à cheval, franchit en une heure et demie, les 28 kilomètres qui séparent Metz de cette petite ville, et guidé par le capitaine Ruinart de Brimont, qui y avait tenu garnison, se rua sur les dragons, les hacha en morceaux, fit rétablir la voie ferrée et rentra triomphalement à Metz avec trente prisonniers.

Au moment où M. le maréchal Lebœuf donnait sa démission, une compagnie, formée des chasseurs de la ville, avait offert ses services comme éclaireurs sur le territoire du département de la Moselle, dont elle connaissait tous les bois, routes et sentiers. Le maréchal Bazaine refusa ce concours patriotique et prit pour chef des éclaireurs de l'armée, un étranger au pays, dont nous dirons plus tard le nom, en citant un de ses actes.

Le 13, il y eut aussi grand conseil; il fut décidé que l'Empereur quitterait Metz le lendemain, et que l'armée se dirigerait sur Verdun, pour protéger son passage.

Le 14, en effet, Napoléon III, le prince impérial et leur maison, allaient s'installer à Longeville-les-Metz, dans la maison du colonel Hennocque; on avait craint pour le 15 une manifestation malveillante de la population.

En même temps, les différents corps d'armée recevaient leur ordre de marche.

Le 2ᵉ corps qui occupait Grigy et la Basse-Bévoye, passait par le pré Saint-Séphorien, traversant la Moselle sur des ponts de bateaux, et allait camper le soir à 1 kilomètre de Rozerieulles. Il ne se composait plus que des deux divisions Vergé et Bataille, la division Laveaucoupet qui avait tant souffert à Forbach avait, sur la prière instante du général Coffinières, commandant supérieur de la place de Metz, été laissée pour renforcer la garnison des forts, et remplacée au corps par la brigade Lapasset.

Le 6e corps se dirigeait sur les hauteurs de Gravelotte, quittant son campement de la rive gauche de la Moselle au lieu dit Devant-les-Ponts.

Le 4e corps évacuait Grimont, Chieulles et Méy, descendait des hauteurs de Saint-Julien et exécutait son passage par des ponts de bateaux, reliant l'île Chambière à la route de Thionville, laissant la 2e division, de Méy à Grimont pour couvrir sa retraite.

Le 3e corps, pendant ce temps, restait à Borny, étendant ses ailes pour protéger l'ensemble du mouvement.

La garde était massée sous le fort de Queuleu.

Le passage général était à peu près terminé, sauf celui du 4e corps.

Il était 4 heures, l'ennemi se présente en masse devant le 3e corps d'armée qui le reçoit par une vive canonnade; et presqu'en même temps, l'attaque commence de Sainte-Barbe et de Noisseville, et bientôt de la route de Bouzonville.

Le général Grenier donne immédiatement ordre à la brigade Bellecourt d'avancer au-dessus de Méy, il fait occuper le petit bois qui domine le village par un bataillon et une partie du 5e bataillon de chasseurs, avec ordre de garder fortement cette position ; de là, il étend sa ligne jusqu'à la chapelle de la Salette, jonction de la route de Méy avec celle Bouzonville ; la brigade Pradier, par bataillons en colonne se tient à courte distance, prête à marcher.

La brigade de Golbert, qui n'avait pas encore exécuté son mouvement, rétrograde et appuie la gauche de la 2e division qui vient de mettre son artillerie en batterie à l'angle du bois de Méy, ses mitrailleuses au centre. Ce point étant considéré comme la clé de la position, on devait penser que l'ennemi allait à tout prix essayer de l'enlever. Le 98e de ligne observait les fonds du côté de Villers-l'Orme, de crainte de surprise.

Le général de Ladmirault qui avait déjà traversé les ponts de la Moselle, aux premiers coups de canon, remonte au galop vers Saint-Julien, ordonne de mettre sacs à terre et que l'on se reporte rapidement vers les hauteurs de Grimont. Les troupes partent au pas de course aux cris de Vive l'Empereur, il leur tarde d'en venir aux mains avec l'ennemi qu'elles n'ont point encore rencontré.

Le général de Cissey qui a déjà sa brigade de Golberg engagée, place à son arrivée sur le plateau, la brigade Brayer près de Méy, pour assurer le flanc droit, et fait occuper le village par le 20e bataillon de chasseurs et le 1er de ligne ; le reste de sa division se porte en avant sur la route de Bouzonville avec deux batteries d'artillerie, pour attaquer les villages de Poixe et de Servigny où l'ennemi, descendu des hauteurs de Sainte-Barbe, est venu se masser.

Les batteries prussiennes nous battent de Noisseville, d'abord avec succès, puis sont forcées de ralentir leur feu devant le nôtre. L'infanterie ennemie descend en force par les ravins de Nouilly, et occupe les vignes; ce mouvement offensif est dirigé contre le bois de Méy, un bataillon du 64e est envoyé pour renforcer les troupes qui s'y trouvent.

Pendant ce temps, le 3e corps qui se relie au 4e à gauche et à la garde à droite, soutient avec énergie plusieurs attaques successives; son artillerie lutte avec avantage contre celle des Prussiens qui dirigent contre nos troupes un feu violent des hauteurs de Montoy, Flanville et Colombey. Nos batteries de mitrailleuses jonchent le sol de morts; l'ennemi qui a lancé contre nous des masses profondes d'infanterie, se voyant décimé par ces engins meurtriers, bat en retraite, semblant renoncer au combat; mais ce mouvement masque un piége, car au même moment, nous sommes attaqués sur tout notre front de bataille avec une vigueur et un ensemble remarquable.

Nos soldats soutiennent admirablement le choc, et conservent leurs positions.

Cependant, le commandant du bataillon du 64e qui occupe le bois de Méy, se laisse entraîner par le succès, et dans son élan, il fait sortir ses soldats et charge l'ennemi à la baïonnette; mais il tombe sur des forces considérables cachées au fond du ravin, qui le forcent à se replier, et le poursuivent de si près, faisant sur lui un feu si nourri, qu'il ne peut même se maintenir dans le bois, et que les compagnies du 5e chasseurs qui y sont postées, ne sauvent la position qu'en perdant beaucoup de monde et avec l'aide d'un bataillon du 13e de ligne.

Ce mouvement de recul est remarqué par le 3e corps qui lance immédiatement de l'infanterie sur les versants opposés, et fait établir des mitrailleuses sur les crêtes, en avant de Belle-Croix. Le résultat fut terrible, mais le tir étant trop rapproché, faisait voler les hommes en morceaux, arrêtant ainsi l'effet fauchant. Le général de Cissey, de son côté, fait avancer le 20e bataillon de chasseurs et le 1er de ligne ; le bois est bientôt repris, et l'ennemi battu de front et d'écharpe est forcé de se replier, laissant des monceaux de cadavres et de blessés sur le terrain.

Nos pièces de réserve de 12 ont joué un grand rôle dans cette journée, leur longue portée et la précision de leur tir ont souvent décontenancé l'ennemi, et c'est à leur feu joint à l'action meurtrière des mitrailleuses placées en avant de Méy, de la Belle-Croix et de Borny, que l'on a dû une victoire aussi complète. C'est, du reste, la dernière fois que les Prussiens nous montrèrent leur infanterie à découvert ; à part quelques engagements partiels, à la baïonnette, les batailles qui suivirent, ne furent que des engagements d'artillerie.

A sept heures et demie, l'obscurité commençait à devenir tellement profonde, que l'on avait peine à distinguer les colonnes ennemies qui remontaient sur toute la ligne, par échelons, vers les hauteurs.

A ce moment, la garde qui était restée spectatrice impassible de la bataille, sur l'aile droite du 3e corps, commença à donner, ainsi que le fort de Queuleu, que l'on avait armé en hâte d'une batterie de canons à balles, sur les bataillons prussiens qui se repliaient.

Le combat ne cessa qu'avec la nuit. Le 3e corps garda ses campements, et le 4e corps, après s'être reposé jusqu'à minuit, reprit la route de Metz et passa la Moselle. L'ennemi, dans cette journée, éprouva des pertes très-considérables, si l'on en juge surtout par la demande de quarante-huit heures d'armistice, qui fut faite pour enterrer les morts. Nous eûmes, de notre côté, trois mille hommes hors de combat. Le brave colonel Fournier, du 44e de ligne, mourut à la tête de son régiment; le général Decaen, commandant en chef le 3e corps, blessé au genou, n'en resta pas moins sur le champ de bataille jusqu'au moment où son cheval, tué sous lui, l'entraîna dans sa chute et aggrava sa blessure. On fut obligé de l'emporter, mais il refusa obstinément de monter dans la voiture qu'on avait été chercher pour lui et se fit installer sur un cacolet-lit, en pendant d'un soldat blessé auquel il tendit la main en frère d'armes. Le général Castagny reçut aussi une blessure légère.

Le maréchal Bazaine avait été acclamé lorsqu'il était arrivé sur le champ de bataille, c'était un glorieux début pour sa nouvelle promotion. L'entrain de nos soldats avait été admirable, les blessés souhaitaient une prompte guérison, pour recommencer à combattre.

Les Prussiens avaient eu deux buts dans cette journée : 1° Tourner les forts par leurs gorges non fortifiées, envelopper le 3e corps et l'anéantir s'il était possible; coup hardi qui eut pu réussir si le 4e corps eut eu, au moment de l'attaque, terminé son passage de l'autre côté de la Moselle ; 2° forcer l'armée en marche sur la route de Verdun, à arrêter son mouvement, pour donner le temps au général Steinmetz, de faire sa jonction, sur la rive gauche de la Moselle, avec le prince Frédéric-Charles, afin de couper à l'Empereur et à l'armée du Rhin, la retraite sur Paris.

Le lendemain 15, une batterie prussienne avança jusqu'à 2,000 mètres de Longeville et envoya plusieurs obus sur la maison qu'on supposait être habitée par l'empereur. Les Prussiens, furent par extraordinaire trompés par leurs espions, et brûlèrent l'extrémité du village du côté de Metz, blessant le colonel du 5e de ligne et un commandant, tandis que l'empereur habitait l'extrémité opposée. Ainsi la mesure que l'on avait prise de faire sauter le pont du chemin de fer à Longeville, dans la crainte que les Prussiens n'essayassent par là un coup de main, avait été complètement inutile. Ils avaient tourné la difficulté en venant par Ars.

Cette mauvaise combinaison nous avait privés d'une communication, pouvant nous être très-nécessaire et on avait négligé de faire sauter les ponts entre Metz et Nancy ; ce qui eut rendu, vu la hauteur des eaux, le passage de la Moselle très-difficile pour l'ennemi. Le soir de cette journée, l'empereur, après avoir complimenté le commandant du fort de Saint-Quentin, qui avait éteint le feu de la batterie prussienne, et envoyé aux habitants de Metz une proclamation dans laquelle il les remerciait de leur bon accueil, et promettait de venir les revoir, s'en allait avec son entourage coucher à la ferme du Point-du-Jour, sur la route de Gravelotte.

La garde était venue camper sous le fort Saint-Quentin; le 2e corps avait continué sa route sur Verdun et campait entre Rezonville et Vionville, ayant le 6e corps à sa droite. Le 3e corps suivait la route de Moulins et le 4e restait campé à Plappeville, les routes étant trop encombrées de voitures, de troupes et des bagages de l'empereur.

Ce jour même, une reconnaissance de cavalerie avait été poussée par le 9e de dragons jusqu'à Mars-la-Tour et l'on y avait rencontré une forte colonne prussienne, devant laquelle on avait été obligé de se replier.

Le soir, les différents corps d'armée avaient pris leurs positions dans l'ordre suivant : 2e, 6e, 3e, le 4e devant se porter sur Doncourt le lendemain matin.

La nuit fut calme.

Après l'affaire du 14, à laquelle on a donné le nom de bataille de Borny, le général Coffinières, commandant supérieur de la place de Metz, eut dû faire faire le relevé exact des ressources alimentaires de la ville, et le contrôle du surcroit de population arrivé dans les murs. On pouvait à cette époque approvisionner Metz pour un temps illimité. Tous les villages situés sur la rive gauche nord de la Moselle n'avaient point encore été envahis, et formaient la partie la plus riche et la plus productive du département.

Si les paysans de ces contrées faisaient la même résistance que ceux qui s'étaient si malencontreusement laissés surprendre par l'invasion, on pouvait au besoin requérir leurs troupeaux, leurs grains et leurs fourrages, en les payant largement. Toute l'autorité civile était dans les mains militaires ; les observations du préfet avaient été fort mal reçues, il semblait que l'on fut prêt à toutes les éventualités, ou plutôt on avait l'air de douter encore que l'armée prussienne eut crevé sur la France comme un nuage de grêle ; il n'y avait cependant pas de temps à perdre, les employés de l'administration des subsistances racontaient tout haut que les magasins étaient vides ; et en admettant que l'armée fut partie, il n'y avait pas dans la ville pour plus de six mois de blé et deux mois de viande ; la question des vivres pour une place forte étant une affaire capitale ; M. le général Coffinières ne manquait-il point au premier de ses devoirs en ne s'en occupant pas ?

Le 16, à 4 heures du matin, l'Empereur quittait en toute hâte la ferme où il avait couché et gagnait Conflans, accompagné des 1er et 2e chasseurs d'Afrique, des lanciers et des dragons de la garde et de deux batteries d'artillerie à cheval. Dès qu'il fut arrivé dans cette ville, il conserva le 1er chasseurs d'Afrique et renvoya le reste de son escorte rejoindre l'armée du Rhin.

Le territoire sur lequel se livra la bataille qui porta le nom de Gravelotte forme un vaste triangle dont le bourg de ce nom est la pointe ; le côté gauche, qui est la route de Metz à Verdun, est bordé jusqu'à Mars-la-Tour par deux grands villages : Rezonville et Vionville. Tout le pays situé au-dessous de cette route est montagneux et boisé. Le côté droit du triangle est formé par la route de Conflans, Doncourt qui est à moitié chemin en est le point culminant. La base du triangle part de cette dernière ville en ligne droite sur Mars-la-Tour, passant par Bruville et la ferme de Greyère, qui fut le théâtre de grands engagements.

Partant de Gravelotte, l'ancienne voie Romaine est une ligne perpendiculaire tombant à peu près vers le milieu de la base du triangle.

La division de cavalerie, de Forton, avait reçu l'ordre d'éclairer le 2e corps au-delà de Flavigny, village en avant de Rézonville, elle avait tenu ses hommes prêts à partir pendant une partie de la nuit, puis le matin venu avait fait desseller les chevaux et les avait fait mettre au piquet; le colonel du Ferron, du 4e chasseurs à cheval, envoya au général le capitaine Rouchaud pour lui offrir de faire une reconnaissance avec son régiment, pendant que ses hommes se reposaient.

Le capitaine Rouchaud trouva le général de Forton à déjeuner avec son état-major et voici textuellement sa réponse « *Remerciez de ma part votre brave colonel* (et désignant un des convives); *voici M. Arnoult de Rivière, chef des éclaireurs de l'armée,* qui arrive de Mars-la-Tour, et n'a pas eu connaissance de l'ennemi.

Une demi-heure après, la division Forton était surprise par les Prussiens et hâchée en morceaux !

En même temps, les batteries prussiennes ouvraient un feu nourri sur la division Bataille et se présentaient en masse sur le front du 2ᵉ corps.

La division Bataille prend aussitôt les armes, le général monte à cheval, se porte au galop en avant et, par son énergie et sa vigueur, parvient à arrêter un mouvement de panique du 8ᵉ de ligne, qui se trouvait criblé d'obus. Si l'armée n'eut pas ce jour-là un immense désastre à déplorer, c'est au général Bataille qu'on le doit. Il rallia tous ses régiments et les porta en avant. Malheureusement, il n'avait pas son artillerie avec lui ; une batterie entière avait ses chevaux à l'abreuvoir, les deux autres avaient été conservées par le général Frossard et il ne put les obtenir qu'une heure et demie après les avoir demandées.

Tous ses officiers ont, à plusieurs reprises, été envoyés pour les chercher et n'ont pu obtenir qu'une seule batterie, qui vint se mettre en position, en peu en arrière de la gauche de la division Bataille (batterie Benoit).

La division Vergé devait soutenir le mouvement de la 2ᵉ division, mais elle mit trop de temps à venir, et la brigade Valazé, qui arriva la première, ne fut d'aucun secours ; les régiments qui la composaient n'ayant pas tenu. Le général Frossard qui avait gardé avec lui la brigade Lapasset demeura, tant que dura l'engagement, dans ses positions sans avancer. Le général Bataille était parvenu à se maintenir et avait même repris l'offensive ; son cheval venait d'être tué sous lui et il avait pris celui du capitaine Voyer, aide-de-camp du général Bastoul ; mais à peine l'avait-il monté, que ce deuxième cheval fut tué, et quelques instants après le général à pied était frappé d'une balle au ventre. A ce moment, la division, exposée à un feu d'artillerie terrible, battait en retraite malgré une charge brillante exécutée pour la soutenir par les cuirassiers de la garde. La droite seule, formée du 12e chasseurs à pied et d'un bataillon du 23e, tenait encore fortement du côté de Vionville. Le général, malgré sa blessure, soutenu par son chef d'état-major, le colonel Loyzel, et son aide-de-camp, le capitaine Imbourg, qui avaient eu tous deux leurs chevaux tués sous eux, cherchait du geste et de la parole à maintenir ses troupes, apostrophant les fuyards et encourageant ceux qui conservaient si courageusement leurs positions. Une demi-heure après il tombait épuisé de fatigue et de douleur, et on l'emportait du champ de bataille à l'ambulance du quartier général de Gravelotte. Pendant ce temps, le colonel Loysel ralliait les troupes de la division et venait les reformer sur le plateau, laissant sur le terrain la 8e batterie du 5e, qui avait su ménager ses munitions et continua son feu contre l'ennemi pendant trois heures encore. La division avait été fortement éprouvée, elle avait soutenu le premier choc de l'armée prussienne, pendant deux heures, elle avait eu quinze cents hommes hors de combat, parmi lesquels le brave colonel d'artillerie de Maintenan, tué, ainsi que le lieutenant de chasseurs à pied Couturier, officier d'ordonnance du général ; les colonels Rollan, de Liniers et Thibaudin, le commandant Bourgeois, du 66e, furent blessés ; tous les officiers d'état-major avaient eu leurs chevaux tués.

La vigoureuse résistance de la division Bataille avait permis aux autres corps de se mettre sur la défensive.

Le maréchal Canrobert, à cheval, au milieu du champ de bataille luttait avec une énergie sans pareille contre des batteries formidables établies par l'ennemi en face de lui.

Les Prussiens, qui n'avaient pu forcer notre ligne du côté de Gravelotte, portaient en ce moment toutes leurs forces sur Vionville, qui fut pris et repris plusieurs fois, et exécutaient un mouvement tournant dans l'espoir de déborder le 3e corps (commandé par le maréchal Lebœuf, depuis la blessure du général Decaen).

A ce moment le 4e corps arriva à Doncourt ; parti à cinq heures du matin de Plappeville, il avait été obligé de prendre la route de Briez pour éviter l'encombrement des voitures. Il était onze heures et demie, lorsque la division Grenier vint se mettre en ligne. Immédiatement sa première brigade et ses mitrailleuses furent dirigées sur Bruville pour se relier à notre droite, ce chemin ne s'exécuta pas sans divers engagements. Le 5e bataillon de chasseurs, le 13e et le 43e de ligne arrivèrent bientôt en avant de la ferme de Gréyère dans l'intérieur du triangle.

Des batteries d'artillerie furent déployées, sur les crêtes dominant les bois de Vionville d'où l'ennemi fut bientôt délogé par nos canons à balles et nos pièces de réserve de 12; il était environ trois heures, la cavalerie du 4e corps, qui avait appuyé le mouvement de jonction, vint se réunir à la division Clérambault, du 3e corps.

En même temps, le général du Barrail qui avait accompagné l'Empereur, revenait avec la division d'escorte, prendre part à l'action.

A ce moment, notre aile droite débordait complétement la gauche de l'ennemi, et nous devions penser pouvoir le rejeter facilement sur Vionville ; dans ce but, nous opérons un mouvement en avant vigoureusement appuyés par l'artillerie. Les bataillons ainsi soutenus, débusquent les Prussiens de la première partie des bois et les forcent dans leur retraite à passer sous le feu des 11e et 12e batteries du premier d'artillerie (commandant Ladrange) qui tirèrent dans cette journée douze cents coups de canon; mais bientôt, nos troupes sont forcées d'arrêter leur élan, de fortes colonnes ennemies apparaissent entre Vionville et Mars-la-Tour.

L'artillerie qui les accompagne se met en batterie sur la grande route et, ouvre un feu qui nous force à nous replier; mais, en bon ordre et sans abandonner les prisonniers que nous avions faits dans le bois. Le maréchal Bazaine parcourait à cheval tous les fronts, suivi de son état-major, il avait même un instant failli être enlevé par un régiment de hussards de Brunswick que l'on avait malencontreusement confondu avec les guides.

Il ne dût son salut, en cette circonstance, qu'à une vigoureuse charge exécutée par son escorte.

Le général Bourbaki se tenait en réserve, avec la garde, sur la voie Romaine, prêt à se porter au secours des divisions les plus fortement engagées. Les batteries prussiennes continuent un feu nourri de la route de Mars-la-Tour et nous forcent à nous rejeter un peu en arrière de la ferme de Gréyère, que nous gardons cependant et que le génie est en train de fortifier; nos batteries couronnent un monticule qui domine l'ensemble du plateau.

La 1re division du 4e corps débouche entre Urcourt et Bruville, sur le champ de bataille, elle met immédiatement son artillerie en ligne pendant que son infanterie se déploie.

Le 6me corps n'était presque plus engagé, toute l'action s'était reportée entre le 3e et le 4e. L'attention du général Ladmirault est à ce moment appelée du côté de la ferme de Gréyère par une masse compacte de cavalerie ennemie arrivant du côté de Mars-la-Tour. Une batterie précédant cette cavalerie vient s'établir dans une forte position entre ce bourg et Ville-sur-Yvon : elle prend d'écharpe la droite de notre ligne. Le 64e se jette dans un petit bois, au fond d'un ravin, ouvre sur les servants un feu habilement dirigé pendant que le 2e chasseurs d'Afrique exécute une charge en fourrageurs qui force l'artillerie prussienne à se retirer.

Le gros de l'ennemi a marché pendant ce temps sur le centre de notre front et a délogé notre artillerie des crêtes qu'elle occupait.

Mais la division de Cissey, qui vient d'arriver avec ses troupes fraîches, charge avec entrain sur l'infanterie prussienne qu'elle refoule au fond d'un ravin où elle la fusille à bout portant, jonchant le sol de cadavres. L'ennemi tente d'arrêter ce massacre par une charge de cavalerie ; un escadron de dragons vient charger à fond le 1er de ligne et périt jusqu'au dernier, hommes et chevaux.

Un autre régiment prussien, engagé contre le 57e de ligne a son drapeau enlevé par le sous-lieutenant Chabal. Cet engagement coûta la vie au général Brayer et à son aide-de-camp, le colonel de Place, chef d'état-major de la division fut grièvement blessé. En même temps, avait lieu à l'extrême droite, une charge de cavalerie dont l'histoire devra garder longtemps le souvenir ; la cavalerie prussienne était formée perpendiculairement à la route de Mars-la-Tour à Jarny dans la position où elle était arrivée précédée de sa batterie d'artillerie. Le 2e chasseurs d'Afrique, qui avait dû l'attaquer battait lentement en retraite devant elle en tirailleurs.

Il était cinq heures, la cavalerie du 4e corps d'armée était formée sur deux lignes (2e et 7e de hussards déployés en première, 3e de dragons en soutien sur le flanc droit) parallèlement à la route, la gauche près de la ferme de Gréyère. Dans les fonds devant elle, et près des bois, se trouvaient massés, les lanciers et les dragons de la garde.

Devant cette manœuvre offensive, la cavalerie prussienne se divise en deux masses, la première fait face à notre ligne et la deuxième garde ses positions appuyant son artillerie.

Le général commandant le 4ᵉ corps ayant reproché au général commandant la division de cavalerie, de ne point s'être encore porté en avant, le général donna immédiatement, l'ordre de charger.

Il fallait descendre et remonter un ravin dans lequel les cavaliers se culbutèrent les uns sur les autres.

Le général était en tête de la charge, il ne voulut pas permettre à ses soldats de se servir de leurs chassepots petit modèle, dont le tir est excellent, et criait sans cesse en avant ; les 1,500 mètres qui les séparaient de l'ennemi avaient été franchis en un instant, mais le passage difficile du ravin et de la route avait amené le désordre dans les rangs ; le choc fut cependant terrible : le général Legrand fut la première victime, l'ennemi qui attendait de pied ferme, ne recula pas ; notre cavalerie épuisée par sa longue course n'eut pas la force de l'enfoncer.

Il y eut une mêlée affreuse, augmentée encore par les lanciers de la garde qui en arrivant sur le flanc furent pris pour des uhlans et essuyèrent le feu des cavaliers français que l'on n'avait pas fait tirer en temps utile.

Les trois régiments du 4ᵉ corps se retirèrent complètement rompus, et se reformèrent sans être inquiétés dans leur première position. Les dragons de la garde appuyèrent la retraite des lanciers si malheureusement décimés.

Ce fut dans cette charge que le général Montaigu disparût avec son aide de camp.

Un mouvement de la cavalerie du 3ᵉ corps combiné avec une manœuvre d'infanterie fit reculer les Prussiens qui nous laissèrent maîtres de ce champ de carnage.

Ce fut le dernier engagement sérieux de la journée. La garde vint remplacer dans leurs positions, différentes brigades ; les grenadiers eurent encore à repousser quelques attaques ennemies, mais le combat dégénéra en lutte d'artillerie et finit à huit heures du soir.

L'armée française qui n'avait perdu de ses positions que le village de Vionville coucha sur le champ de bataille.

Nos troupes venaient à un jour d'intervalle de remporter deux victoires, car la bataille de Gravelotte pouvait aussi bien que celle de Borny être considérée comme telle, les Prussiens ne nous ayant pas délogés de nos positions ; mais que prouvaient ces deux succès sans résultats ; d'abord, que nous ne savions pas nous garder ; que sur notre propre territoire, il ne se trouvait pas un homme du pays assez dévoué pour venir nous instruire des marches de l'ennemi ; ensuite, que l'on devait à la bravoure individuelle, de ne pas avoir d'échecs à déplorer et non à l'initiative et à la connaissance de la tactique militaire de nos généraux. On disait que la cavalerie prussienne n'avait osé nous poursuivre, tant elle avait été surprise de l'énergie de notre charge ; on ignorait alors qu'elle avait parcouru dans la journée 50 kilomètres pour arriver sur le champ de bataille, et que ne comptant pas combattre une fois seulement, dans la campagne, elle se contentait pour cette journée d'avoir servi de digue à la furie française.

Nos pertes de la journée furent très considérables : quatorze à quinze mille hommes hors de combat ; celles des Prussiens furent bien plus importantes.

On placarda le jour même sur tous les murs de la ville l'affiche suivante :

Appel au dévouement des habitants de Metz.

La bataille de Gravelotte a été glorieuse pour nos armes : l'ennemi a été glorieusement repoussé.

Mais le nombre des blessés est très-considérable ; nos casernes sont remplies ; il devient presqu'impossible de donner à ces braves soldats tous les soins qu'ils méritent.

Dans cette circonstance, le commandant supérieur de Metz vient, avec une entière confiance, faire appel au patriotisme des habitants. Il n'est pas dans la ville un seul citoyen qui ne regarde comme un devoir sacré de recevoir dans son domicile un certain nombre de blessés.

Les convois arrivent par la porte de France ; présentez-vous au fort Moselle, et recueillez chez vous les héros blessés de la bataille de Gravelotte !

Metz, le 17 août 1870.

Le général commandant supérieur la place de Metz,

COFFINIÉRES.

L'appel fut écouté; mais on en comprit bien vite la légèreté. Les médecins de la ville, malgré leur zèle, ne pouvaient suffire à monter d'étage en étage pour soigner les malheureuses victimes, et beaucoup succombèrent faute des soins et des médicaments nécessaires à la gravité de leur position.

Du reste, le général était mal informé, les locaux ne manquaient pas, les lits seuls faisaient défaut, et, sur l'observation qui en fut faite par le préfet, on prit une décision plus sage, en établissant des ambulances communes où les blessés furent transportés de nouveau; on évita ainsi des maladies contagieuses, suite ordinaire des blessures mal pansées. Les habitants n'eurent plus qu'à donner l'hospitalité aux convalescents, ce dont ils s'acquittèrent avec un zèle remarquable.

La bataille de Gravelotte fit rentrer à Metz une immense quantité de villageois effrayés; aucune mesure ne fut prise pour s'assurer s'ils apportaient des vivres avec eux, le nombre des bouches inutiles augmentait tous les jours, sans que l'on se préoccupât de quelle manière on nourrirait toute cette population.

Il entra en ville, dans la nuit du 16 et la matinée du 17, 8,000 blessés; ce spectacle était horrible; mais ce qui fut plus affreux encore, c'était la manière dont on enterrait les morts sur le champ de bataille, « la terre crie, » disaient les habitants qui n'avaient pas déserté les villages; que d'infortunés se sont vus précipités vivants dans ces fosses de douleurs.

La journée du 17 fut consacrée à battre en retraite et à abandonner les positions que l'on avait eu tant de mal à conserver la veille; il semblait que l'armée obéît d'elle-même au mouvement que voulait lui faire faire l'ennemi, de la rejeter sous Metz. Elle vint occuper une ligne immense depuis Gravelotte jusqu'à Saint-Privat-la-Montagne.

Au fur et à mesure que les divisions quittaient leurs positions, elles y étaient remplacées par les Prussiens, qui étendaient leur gauche, autant que possible, retenus seulement dans leur marche par le 6e corps qui gagnait, à travers champs, l'extrême droite qu'il devait occuper à Saint-Privat; pendant que le 4e corps qui avait quitté Doncourt, à 10 heures du matin, se dirigeait sur Amanvillers, en passant par Jouaville et Habouville.

Tous ses mouvements ne s'exécutèrent pas sans quelques vives canonnades.

Le soir, du côté de Metz, opposé au champ de bataille de la veille, les Prussiens ouvrirent de Mercy-le-Haut, un feu d'artillerie très-serré sur le fort de Queuleu, au point de faire croire que leur intention était de livrer assaut; le but de cette attaque ne fut pas très-bien compris. S'ils avaient pensé faire rentrer une partie de l'armée, pour garder cette position, il furent trompés dans leur attente; si c'était, comme on l'a dit, pour protéger le passage des convois, c'était inutile; eux, qui avaient des espions établis à Metz, devaient savoir que la garnison des forts était insuffisante pour opérer une sortie; si, enfin, c'était pour montrer la puissance de leur artillerie, l'effet fût complètement manqué ; car les quelques centaines de coups de canon qu'ils tirèrent, n'eurent pour résultat que la mort d'un seul garde mobile.

L'armée avait passé tranquillement la nuit dans les positions suivantes qu'elle garda le 18 pendant toute la journée.

Le 2e corps à l'extrême gauche, occupait Jussy (brigade Lapasset), la division Bataille, commandée par le général Bastoul, observait la route de Moulins, depuis la ferme du Point-du-Jour jusqu'au moulin de Longeau, et la division Vergé se trouvait en avant, se reliant au-dessus de Chatel-Saint-Germain, avec le 3e corps qui était déployé depuis la ferme de Moscou jusqu'à celle de Montigny-la-Grange, quartier-général du 4e corps, dont le centre était a Amanvillers, et l'aile droite aux carrières de la Croix. Le 6e corps allait jusqu'à Saint-Privat-la-Montagne; la garde était en réserve, en arrière, sur la route de Plappeville, au lieu dit : le Gros-Chêne.

L'ennemi s'était avancé dans la nuit jusqu'à Verneville, il attaqua le 3e corps, de front, en même temps qu'il ouvrait sur Montigny-la-Grange, une canonnade qui atteignait jusqu'aux ambulances. Ce fut sous ce feu meurtrier que le docteur Gaston Souville, médecin principal à l'état-major du 4e corps, sauva ses malades et ses blessés en les faisant évacuer en toute hâte.

Il est à noter que l'armée venait encore de se laisser surprendre par l'ennemi, car c'étaient ses obus qui nous avaient prévenus de son arrivée. Il s'étendit bientôt successivement du côté de Saint-Privat, en profitant du bois de Lacusse pour se mettre à couvert. La division Grenier se porte immédiatement à l'angle de ce bois, attaque vigoureusement une batterie de sept pièces, avec le 5e bataillon de chasseurs et le 13e de ligne, et lui en enlève deux. Pendant ce temps, notre artillerie s'établit du côté de la ferme de Champenois, pour lutter contre celle des Prussiens qui vient de se déployer devant le village de Verneville. Le 64e et une partie du 98e, restent comme réserve autour de la ferme de Montigny, que l'on est en train de fortifier; il est onze heures et demie, notre mouvement est offensif, les tirailleurs ennemis s'embusquent dans le bois de Lacusse et dans les haies qui le bordent, et protégent un déploiement formidable d'artillerie devant lequel nos batteries et notre infanterie ont beaucoup à souffrir.

L'attaque s'est éloignée du 3e corps; la division Vergé cherche sur l'aile gauche à entraver avec son artillerie, le passage des Prussiens, qui débusquent par les gorges de Vaux. Il est deux heures, le général Vergé trouve que sa division n'est pas assez forte, il l'a fait soutenir par le 23e de ligne de la division Bataille, puis un instant après, il fait diriger la batterie de mitrailleuses (capitaine Dupré) sur la ferme du Point-du-Jour, pour y battre, dit-on, des colonnes ennemies en retraite ; mais cette batterie accueillie par un formidable feu croisé de mousqueterie et de batteries prussiennes de positions, après avoir pu tirer deux salves seulement, avait en quelques minutes perdu 23 chevaux et deux caissons, qui avaient sauté.

Un bataillon du 23e et le 12e bataillon de chasseurs aussitôt lancés comme soutiens secondèrent les énergiques efforts du commandant Collangettes et du capitaine Dupré pour enlever les mitrailleuses malgré le manque d'attelage et les reporter en arrière. Aussitôt la batterie dégagée, le bataillon du 23e et les chasseurs furent placés derrière un épaulement formé par les fossés de la route pour maintenir la position.

Sur notre droite, l'ennemi qui a traversé Habouville et le bois de Lacusse, se présente en masse compacte devant la division de Cissey, et gagne du terrain vers la droite dans le but d'attaquer et de tourner le 6e corps. Nos batteries admirablement placées commencent à tirer à 1,200 mètres environ, et font pendant deux heures un feu écrasant sur les Prussiens dont les morts forment un rempart qui garantit les derniers bataillons. Cependant notre artillerie prise de face et d'écharpe est obligée de se replier pour aller recompléter ses munitions presque totalement épuisées, mais l'infanterie tient ferme sur toute la ligne malgré une grêle de projectiles de l'artillerie ennemie, et empêche les tirailleurs prussiens de sortir du bois qu'ils occupent très en force.

La division Lorencez qui était en réserve à la ferme Saint-Vincent, arrive à Amanvillers; le 2e bataillon de chasseurs débouche au pas de course sur le champ de bataille, et se porte entre le village et la ferme de Montigny, où il est bientôt renforcé par le 64e et le 65e de ligne. Le 33e, dans la ferme neuve et les vergers que l'on a fortifiés sert, à relier le 3e corps qui n'a pas suivi le mouvement ascendant de l'ennemi et laisse ainsi un vide dangereux ; ce régiment reçoit du général de Ladmirault, l'ordre de se tenir dans sa position coûte que coûte, et l'entrain avec lequel il gagne son poste périlleux prouve que l'ordre sera exécuté. La cavalerie qui se trouvait exposée au feu sans pouvoir être d'aucune utilité est reportée en arrière des divisions.

Notre droite reliée au 6e corps gagne du terrain en avant, et l'on peut un moment croire la victoire certaine.

On remplace autant que possible, par des troupes fraîches celles qui ont épuisé leurs munitions ; l'ennemi ne cesse pas son feu d'artillerie, et il le dirige avec tant de précision, que l'on est obligé de faire exécuter de temps à autre des mouvements à nos bataillons ; un caisson du 13e de ligne saute sous leurs obus ainsi que deux autres de la réserve [d'artillerie.

En trois et quatre heures, le feu se ralentit des deux côtés, et semble indiquer un instant de trêve tacite. Mais pendant ce temps, l'ennemi a rassemblé de grandes forces dans les vallons qui joignent, Jouaville, Habouville, Saint-Ail et Sainte-Marie-aux-Chênes, et marche à couvert dans les ravins jusqu'au pied des hauteurs de Saint-Privat-la-Montagne, dans le but d'enlever le plateau et de nous déborder. Le 6e corps pour répondre à ce formidable mouvement, fait avancer ses réserves en arrière de Saint-Privat.

Les habitants s'enfuient, c'est un spectacle navrant de voir les vieillards, les femmes et les enfants, çà et là, cherchant une retraite pour se mettre à l'abri de l'envahissement de l'ennemi.

Tout à coup, des hauteurs, on aperçoit sur les pentes de Saint-Privat qui font face à la forêt de Jaumont des troupes qui descendent en courant, et viennent se masser sur la lisière du bois; ce mouvement fait croire à l'arrivée d'une nouvelle armée par Bronvaux; mais la triste réalité se fait bien vite jour; c'est l'extrême droite du 6e corps qui commence à battre en retraite. Le maréchal Canrobert, se porte au devant des fuyards et cherche en vain à arrêter la déroute, le général Henry qui a eu son fils tué à Gravelotte est blessé; tous les officiers généraux font inutilement des efforts surhumains pour se rendre maîtres de cette panique, les soldats qui n'ont plus de cartouches, n'écoutent plus la voix de leurs chefs. Le maréchal Canrobert, fait demander des munitions au général de Ladmirault qui lui en envoie trois caissons, et prévient le général Bourbaki qui est au Gros-Chêne, près la ferme Saint-Vincent, d'arriver en toute hâte avec la garde; en même temps il fait dire au maréchal Le Bœuf d'envoyer les secours dont il peut disposer.

Une partie du 6e corps tient encore en avant de Saint-Privat, le 11e dragons vient la soutenir; mais tout cela ne fait que retarder un instant la déroute générale. Il se fait un grand vide entre les villages de Saint-Privat et d'Amanvillers qui sont en flammes, le 4e corps n'ayant plus son aile droite gardée, la division de Cissey, change de front pendant que l'on dispose l'artillerie de la garde qui vient d'arriver sur les hauteurs des carrières de la Croix d'où elle empêche, de concert avec les réserves du 4e corps, l'ennemi de dépasser Saint-Privat et de venir occuper l'espace abandonné par le 6e corps, qui s'écoule sur Metz par la route de Saulny. L'infanterie de la garde ne se met pas même en bataille et bat en retraite sans avoir essayé de prendre position, entraînant dans son mouvement la division Lorencez qui pivote depuis un instant sans savoir où faire face, et la cavalerie du 4e corps ainsi que ses réserves d'artillerie. L'ennemi est maître de notre droite, notre gauche s'est fortement maintenue; la brigade Lapasset des hauteurs de Jussy a éteint avec l'aide du fort Saint-Quentin, une batterie prussienne qui du versant de la colline de Vaux bat nos convois sur la route de Moulins. Le 8e de ligne, en avant de la ferme du Point-du-Jour que les obus ont incendiée, est venu remplacer le 23e de ligne et le 12e bataillon de chasseurs, et lutte avec énergie contre un mouvement tournant fait par l'ennemi pour nous couper la retraite de ce côté.

Ce régiment perd beaucoup de monde, le colonel Haca est blessé et le commandement du régiment passe aux mains d'un capitaine.

La nuit est venue, le champ de bataille n'est plus éclairé que par la lueur des incendies allumés sur toute le ligne. La retraite est générale, les troupes s'animent à la fuite comme elles l'avaient fait au combat, et laissent leurs bagages sur le terrain qu'elles abandonnent.

Triste spectacle d'une panique que rien ne justifie car l'ennemi ne se doute pas de sa victoire, et ne poursuit pas cette armée en déroute qui se rue en désordre dans des gorges étroites, où elle pourrait être facilement écrasée.

Le maréchal Bazaine commandant en chef, n'avait pas paru de la journée. Les Prussiens le soir même faisaient sauter les ponts du chemin de fer et de la route sur l'Orne à Richemond nous privant ainsi de nos deux dernières communications.

Le 19 au matin, la ville de Metz était complétement investie, mais l'ennemi qui avait subi des pertes très-considérables les jours précédents n'avait pu encore resserrer son cordon et l'on aurait pu profiter de cette journée et de la suivante, pour réparer les négligences de la veille en faisant entrer les denrées et les troupeaux des villages environnants et des fermes de la plaine de Thionville qui suffisait presqu'à elle seule pour approvisionner une ville assiégée. Notre armée qui n'avait terminé son mouvement de retraite que le matin, campait dans le périmètre compris entre Moulins et l'île de Chambière, elle passa cette journée à rapatrier ses hommes et à rectifier les positions qu'elle avait prises dans la nuit.

Le nombre de nos blessés qui était de onze mille environ depuis le commencement de la campagne monta à la suite de la bataille de Saint-Privat à 16,700.

Les hôpitaux, la caserne de Coislin, celle du génie, la manufacture de tabac, le collége et divers établissements publics, furent bien vite encombrés; on établit des ambulances particulières dans les salons de la préfecture, à Saint-Clément, chez M. Ferdinand Blondin, où se trouvait déjà le général Bataille et l'on garnit de tentes la promenade de l'esplanade ainsi que l'ile du Saulcy. On avait construit dans le polygone d'immenses bâtiments en bois, qui furent avec le campement en plein air de l'esplanade, les deux établissements les plus salubres pendant toute la durée du blocus. Les dames de Metz se partagèrent les soins à donner aux soldats et l'on vit les plus frivoles renoncer à la toilette, pour ne porter que des vêtements simples qui leur permettaient de circuler plus facilement sous les tentes et autour des lits.

Les médecins civils rivalisaient de zèle et bien des malades ont dû à leur prévoyance de ne point perdre des membres qui eussent été amputés dans des hôpitaux militaires.

Le service médical de l'armée laissait du reste beaucoup à désirer, non pas sous le rapport des médecins eux-mêmes, mais par son organisation mal entendue ; on l'avait mis sous les ordres de l'intendance qui avait déjà manqué d'intelligence pour l'armée.

Le maréchal Bazaine, dont la présence eut pu être salutaire aux malades ne visita pas une ambulance pendant la durée de la campagne.

Le soir du 19 août l'armée occupait ses campements définitifs. Le 2ᵉ corps, entre le fort Saint-Quentin et Longeville, puis le 3ᵉ, le 4ᵉ, le 6ᵉ et la garde. On avait fait culbuter toutes les maisons construites dans le premier rayon.

On commença dès ce jour à attaquer le deuxième, qui sur la demande de l'Empereur avait été respecté ; les arbres séculaires de la magnifique promenade du Ban-Saint-Martin furent abattus sans pitié ; les vignes, qui garnissaient toutes les côtes, écrasées sous les tentes, furent arrachées pour faire du feu. Dans les vergers, que leur éloignement avait sauvés de la hache du génie, les soldats coupaient un arbre pour y cueillir un fruit.

La désolation se lisait sur le visage des propriétaires qui voyaient ainsi gaspiller inutilement leur avoir.

Quant le désastre fut complet, le maréchal prit un arrêté sévère contre tous ceux qui à l'avenir commettraient des dévastations ; malheureusement le mauvais exemple partait de si haut, qu'on renonça à l'exécuter.

La pluie vint bientôt ajouter à l'ennui du camp ; les officiers au bout de quelques jours d'inaction demandaient comment cela finirait ils sentaient que la puissance impériale était fortement ébranlée ; ils craignaient de ne point avoir la récompense due à leur courage pendant les journées précédentes. Il était dès-lors facile de prévoir que le découragement gagnerait bientôt les soldats. Cependant l'opinion publique ne blâmait pas encore le maréchal Bazaine de l'inaction dans laquelle il laissait l'armée, on avait une telle confiance dans ses talents militaires que ses ennemis même pensaient qu'il nourrissait un plan d'où sortirait le salut général.

Le silence n'était troublé que par quelques coups de canons tirés des forts sur les Prussiens qui commençaient leurs travaux d'investissement.

Le 22 août, le 3⁰ corps (maréchal Lebœuf) traversa la Moselle au Polygone et vint occuper les hauteurs de Saint-Julien. On attendait toujours des nouvelles du dehors et l'absence de journaux et de correspondances jetait une grande inquiétude dans tous les esprits ; la manutention construisait partout des fours pour alimenter l'armée, ceux de la ville ne suffisaient pas, et le biscuit avait été réservé pour les distributions du départ. Les officiers chassés du camp, par le désœuvrement suite de l'inaction, affluaient en ville encombrant les magasins de comestibles, et les cafés d'où on avait peine à les faire sortir. Le général Coffinières, pour obvier à cet inconvénient, fit fermer à neuf heures tous les établissements publics.

Le soir du 22 août des traitres ayant dénoncé aux Prussiens le passage de la conduite des eaux de Gorze qui alimentaient la ville, les habitants en furent réduits aux eaux de la Moselle, distribuées dans les différents quartiers au moyen d'une pompe à feu.

Une enquête, faite le 23 août, fit connaître que les magasins contenaient des rations pour 200 mille hommes pendant 60 jours. La quantité de froment et de farine existant en ville était due à l'initiative d'un commerçant M. Emilien Bouchotte qui en cette circonstance s'est acquis l'estime et la reconnaissance de ses concitoyens, en ne profitant point de la hausse survenue et en livrant toutes ses marchandises au prix coûtant.

Pendant les journées qui suivirent l'investissement, les Prussiens exécutèrent autour de Metz de grands mouvements de troupes, dans le but de resserrer leur ligne. Chaque fort était muni d'un observatoire, d'où avec un télescope, on surveillait les progrès de leurs travaux ; nous extrayons du rapport de Queuleu fait par le lieutenant de la mobile Frutio, chargé des observations, les passages suivants, qui nous prouvent combien nos renseignements sur la position des ennemis étaient exacts et ajoutent à l'étonnement que doit causer l'inaction du maréchal Bazaine, qui leur a laissé toute facilité de s'établir :

« Le 20 août. Les troupes Prussiennes passent la
» Moselle à Olgy, elles se concentrent sur Vany et
» Malroy. (Ce doit être le corps de Steinmetz).
» 22 août. Arrivée de la division Montaudon entre
» Queuleu et le fort, 18 pièces d'artillerie prussienne
» viennent d'être amenées à la Grange-au-Bois.
» Des troupes ennemies occupent les abords de la
» Haute-Bevoie, et l'avenue du Château de Mercy-
» le-Haut jusqu'à la route de Strasbourg.
» 23 août. Des cavaliers prussiens soutenus par
» une colonne de fantassins refoulent du côté de
» Grigy, une reconnaissance de dragons français.
» 24 août. Nombreuses troupes prussiennes à

» Poixe. Ils établissent un camp à Cuvry. Un
» escadron de uhlans sur la route d'Ars, se dirige
» du côté de Metz.

» 25 août. Nous prenons possession de la Haute-
» Bevoie, les troupes prussiennes font un mouve-
» ment de la vallée d'Ars à celle de Vaux. Elles
» occupent Gros-Yeux et Frayette. Elles entrent
» dans le village de Jussy. Le fort Saint-Quentin,
» tire sur leurs travailleurs, qui établissent une
» batterie sur la hauteur de Jussy.

» De nombreux convois, de ravitaillements se
» dirigent sur Pont-à-Mousson. »

On voit d'après ces rapports, qu'à chaque instant de la journée, et de la nuit, les forts et la plate-forme de la Cathédrale qui communiquaient avec l'état-major de la place, par des fils télégraphiques, donnaient des renseignements qui eussent pu être utilement employés, si l'on avait eu l'intention de faire des sorties partielles, ou si l'on avait voulu rompre le blocus.

Le seul fait saillant jusqu'au 25 août, fût l'arrestation et la condamnation à mort de l'espion Schull, qui nous avait trahis à Wissembourg et à Reichsoffen.

Le 25, les médecins civils adressèrent au général Coffinières, une vive réclamation contre la nomination qui fût faite d'un médecin militaire pour les diriger.

Ils connaissaient leurs malades, les soignaient avec affection et ne pouvaient admettre qu'un chef, qui ne s'était point encore occupé des ambulances de la ville, vint les changer de service à son gré.

Leur protestation n'empêcha pas cette nomination ; mais on n'osa point modifier leur organisation. Parmi ces médecins, tous dignes de grand éloges, les docteurs : Mahu, Marchal (de Montdelange) Bamberger et Herpin méritent une mention spéciale.

La société internationale de secours aux blessés a joué aussi un grand rôle dans l'histoire médicale de l'armée du Rhin. On a vu ses membres faire preuve d'un grand dévouement sur les champs de bataille, et nous devons citer le docteur anglais Ward, dont la promotion au grade de Chevalier de la Légion-d'Honneur a été vivement applaudie.

Les seuls détails que nous pûmes recueillir à cette époque, sur les contrées environnantes, ne laissaient pas que d'être très-pénibles. Les Prussiens étaient entrés en France avec un plan de campagne parfaitement étudié ; ils connaissaient d'avance, les hommes qu'ils pourraient prendre comme bourgmestres. Les contrées étaient classées, le travail d'annexion se faisait au fur et à mesure que l'armée avançait : — On aurait dit qu'ils entraient chez eux et non sur un territoire conquis.

Les Français allaient en Prusse, sans connaître le pays et sans savoir à qui ils avaient affaire ; pas un Prussien ne leur eut parlé français, tandis que tous les Français de la frontière ont accueilli les Prussiens en leur parlant Allemand. Il ne pouvait en être autrement et la faute devra retomber sur le clergé qui n'a jamais voulu consentir à donner l'éducation religieuse aux enfants en langue Française et qui prêchait encore en Allemand la veille de l'invasion dans l'église paroissiale de Sarreguemine, le chef-lieu de l'arrondissement, malgré les réclamations d'une grande partie des habitants qui ne comprenaient pas cette langue.

Les instituteurs avaient reçu l'ordre formel de ne laisser pénétrer, dans leurs écoles aucun livre Allemand ou Français-Allemand ; mais nous tenons comme certain, que M. Lejoindre, successeur de M. de Gejer, comme député officiel, avait lutté avec une déplorable énergie contre cette mesure toute patriotique, craignant sans doute que la lumière libérale en arrivant dans ce pays n'y fît tort à sa candidature.

C'est pour la France une grande leçon, dont on devra profiter pour forcer à l'avenir les populations à apprendre leur langue maternelle.

La ville de Metz, la pucelle, devenait de jour en jour plus morne ; on ne rencontrait dans les rues que des officiers desœuvrés, ou des soldats blessés ; les habitants savaient que leurs murs les défendaient contre l'ennemi, mais ils voyaient avec tristesse que cette armée de 150,000 hommes à laquelle il fallait 200 mille rations par jour, dévorait leurs vivres et amènerait la famine dans un bref délai. Ils accusaient hautement le maréchal Bazaine de mollesse et le général Coffinières d'imprévoyance.

Ce n'était pas, disaient-ils, la peine d'avoir ruiné la population en mettant à sac les admirables environs de la ville, dans le but d'une défense héroïque pour être ensuite obligé d'arriver à capituler maladroitement par la famine.

Ces plaintes, portées au préfet qui partageait les craintes générales, parvinrent sans doute aux oreilles du commandant en chef de l'armée, car il prit subitement la décision de faire une trouée ; mais il ne fallait point compter être ravitaillé pendant ce mouvement, car l'armée allait s'engager sur un territoire, deux fois traversé déjà par nos troupes, et en dernier lieu, pillé par les Prussiens.

L'ordre fut donné dans les camps de se tenir prêt à partir le lendemain, on distribua pour trois jours de vivres et on fit les préparatifs d'un départ définitif.

Les habitants, à cette nouvelle, sentirent la joie renaître dans leurs cœurs, à l'idée d'être délivrés de cette armée dévorante, et les soldats accueillirent cet ordre de départ, avec un enthousiasme qui prouvait leur désir de combattre.

Le 26 août, à 5 heures du matin, les troupes se mirent en marche pour aller prendre position sur les hauteurs en face de Sainte-Barbe. Le 6e corps, sa gauche à la Moselle, en face de Malroy, et sa droite à Grimont ; le 4e corps, de Grimont à Méy ; le 3e corps, de Méy au fort de Queuleu. La garde et le 2e corps étaient en réserve.

De midi à trois heures, il tombe une pluie abondante, l'armée est sous les armes et prête à combattre ; des reconnaissances ont parcouru au loin la campagne et n'ont point rencontré l'ennemi, le passage est facile. Le maréchal Bazaine, commandant en chef l'armée du Rhin, réunit au château de

Grimont, les maréchaux et les généraux commandants les corps d'armée et tient conseil. A 4 heures, ordre est donné aux quatre corps qui sont arrivés dans la journée, de rétrograder sur Metz et de reprendre leurs campements; sauf le 2e corps qui vient occuper Montigny-les-Metz, les ateliers du chemin de fer et le fort Saint-Privat, et qui est remplacé dans sa position de la veille, à Longeville, par la 1re division du 4e corps.

Ce retour imprévu d'une armée qui était partie presque triomphalement pour aller rejoindre Mac-Mahon, consterna la population; chacun fit ses commentaires; on accusa tel ou tel chef de corps d'être arrivé trop tard et d'avoir fait manquer le mouvement. Ce n'est qu'au moment de la capitulation, que M. le maréchal Bazaine, déclara qu'il avait cédé, en cette circonstance, aux prières du général Coffinières, qui lui avait déclaré que si l'armée quittait nos murs, l'ennemi serait maître d'un des deux forts de Saint-Julien ou de Queuleu, en moins de quinze jours, et que, par conséquent, la ville serait bombardée.

Des officiers très-distingués d'artillerie et du génie, ont depuis affirmé que le dire du commandant supérieur de Metz était exact, que le Saint-Julien, principalement, ne pouvait offrir une résistance sérieuse; mais, ajoutaient-ils, avec un corps de trente mille hommes, la place pouvait se défendre pendant fort longtemps.

Le 27, l'armée se repose des marches de la veille, le 28 un ordre du maréchal Bazaine prescrit de donner aux troupes trois jours de vivres.

On dit que cette fois, malgré toutes les observations, il va partir, parce qu'il est certain de l'arrivée de Mac-Mahon dans les Ardennes, et que la jonction des deux armées doit se faire à Thionville.

Les ordres s'exécutent, l'intendance prend deux jours de lard dans les magasins de la ville, et chaque homme se trouve avoir, y compris la journée courante, quatre jours de pain ou biscuit, trois jours de viande et deux jours d'avoine. La pluie continue, les tentes sont dans la boue, les hommes ne demandent qu'à quitter ce campement incommode. La journée du 29 se passe sans rien de nouveau. Le 30, à dix heures du matin, ordre est donné de se tenir prêt à faire un mouvement à midi; mais le contre-ordre arrive bientôt avec recommandation toutefois de continuer les préparatifs de départ. Enfin, pendant la nuit, de nouveaux ordres définitifs arrivent, et l'armée se met en route à cinq heures du matin pour reprendre les positions qu'elle avait occupées le 26, sans combattre.

Le 6e corps de la Moselle, en face de Malroy, à Grimont; le 4e, de Grimont à Méy, avec la garde pour soutien; le 3e, de Méy à Borny, avec le 2e corps en réserve.

C'est la première fois depuis Sarrebruck que nous allons attaquer l'ennemi avec un plan déterminé.

Le maréchal Canrobert (6e corps) a l'ordre de marcher sur Malroy, de façon à tourner Servigny par la gauche. Le maréchal Le Bœuf (3e corps) ayant le 2e corps (Frossard) à sa disposition, doit enlever Noisseville, Montoy, Flanville et Rétonfey, pour déborder Servigny par la droite. Lorsque ces deux corps seront maîtres de ces positions, le général de Ladmirault (4e corps) attaquera Servigny par le centre.

L'objectif de tout le mouvement est Sainte-Barbe, route de Thionville.

Vers trois heures toute l'armée est en position, prête à entrer en action ; devant cet immense déploiement de forces, l'ennemi prend en hâte ses dispositions défensives ; sa droite est à Malroy et Charly, son centre à Sainte-Barbe et sa gauche s'étend jusqu'à Flanville.

Une brume très-épaisse qui couvrait, dans la matinée, la vallée de la Moselle a servi de rideau à nos mouvements, qui ont pu ainsi échapper à l'ennemi ; mais dès que le soleil l'a dissipée, on aperçoit les troupes prussiennes qui sortent en masse des camps retranchés d'Argancy, de Failly, pour venir renforcer Rupigny et Vany, et de Sainte-Barbe pour venir occuper leurs batteries de Vrémy, Poixe et Servigny. Leurs troupes ne séjournent pas ordinairement, sur ces trois derniers points, à cause du manque d'eau. Nous avions préparé d'avance, à droite de la route de Bouzonville et en arrière de l'Oratoire (communément appelé la croix à trois jambes), trois pièces de 24, court, destinées par leur longue portée à battre au loin les batteries des positions ennemies. Les pièces de 12 de réserve du 4e corps étaient placées sur la même ligne, à gauche de la route, et commandaient Villers-l'Orme et la vallée de Failly, en même temps que le flanc de Poixe et Servigny.

Le reste du 4e corps s'étend jusqu'à Méy, où il se relie à la division Aymard du 3e corps.

A trois heures cinquante, un coup de canon de Saint-Julien donne le signal de l'attaque. Aussitôt les pièces de 24 ouvrent leur feu sur Poixe, et nos pièces de 12 sur Servigny. L'action débute par un combat d'artillerie à grande distance et nous avons beaucoup à souffrir de la précision du tir ennemi, surtout sur le front du 4e corps dont les troupes se trouvent massées en un très-petit espace. Le 98e de ligne et le 5e bataillon de chasseurs qui défendent les pièces sont les plus maltraités. Pendant ce temps, le 3e corps a avancé rapidement sur Noisseville détournant une partie des forces de l'ennemi, ce qui permet au 4e corps de sortir de sa mauvaise position.

Le maréchal Le Bœuf a fait planter ses fanions au-dessus de Lauvallier, à gauche de la route de Sarrelouis, et sert un instant de cible aux artilleurs prussiens ; mais bientôt il se retire en voyant que c'est son état-major qui est victime de sa témérité.

A ce moment, les trois corps d'armée sont engagés et le mouvement est brillamment exécuté. Cependant la division Montaudon, qui fait l'extrême droite du 3e corps, éprouve une vive résistance dans son attaque contre Montoy et Flanville, et le 2e corps qui devait la suivre à courte distance, tarde trop à l'appuyer. Ce n'est que sur un ordre du maréchal Le Bœuf, apporté par le commandant Munier, que le général Frossard se décide à envoyer au secours, la division Bataille (commandée par le général Bastoul) qui trépigne d'impatience depuis une heure et demie sur la grande route à la Belle-Croix. La brigade Mangin part au pas de course par la route de Sarrebruck, suivie de la 2e brigade commandée par le colonel Hameler. Le général Montaudon venait d'être blessé.

Le général Frossard expliqua ce retard qui eût pu amener un désastre, en disant qu'il avait sérieusement craint que sa droite ne fût menacée ; mais les soldats disaient hautement qu'il avait trahi le 3e corps pour se venger de Forbach.

Arrivé à la hauteur de l'auberge sur la route de Sarrebruck, le général Mangin trouve la 1re brigade de la division Montaudon, qui n'a pas de général, en train d'attaquer Flanville ; il prend la direction du mouvement et lance sur l'ennemi le 18e bataillon de chasseurs, le 51e et le 62e d'infanterie, les faisant soutenir par toute sa brigade ; Flanville est enlevé en un instant et les troupes prussiennes qui tenaient encore à Montoy fortifiées dans le parc de madame Durand-Daunou battent en retraite. En ce moment, sur la gauche de la route de Sarrelouis à hauteur de Noisseville, une batterie prussienne formidable nous bat de front et d'écharpe ; le général Clinchant enlève le 95e de ligne qui monte à l'assaut, charge, sous un feu meurtrier, de balles et de mitrailles, le 44e de ligne prussien et la batterie d'artillerie. L'ennemi ne peut résister à cette vigoureuse attaque à la baïonnette, l'infanterie se replie en désordre dans Noisseville et les artilleurs sont cloués sur leurs pièces.

Le 81e vient renforcer le 95e qui a accompli un des plus beaux faits d'armes de la journée. On donne l'assaut à chaque maison et en se rendant maître du village, on fait prisonniers tous ceux que le fer et le feu ont épargnés. Aussitôt, on établit une batterie qui prend d'écharpe l'artillerie prussienne de Gras et de Servigny.

Le mouvement du 3e corps a attiré de son côté une partie du feu des batteries ennemies ; le 6e corps a également exécuté heureusement son attaque, il est six heures, de vastes incendies allumés par les Prussiens dans Montoy et Servigny remplissent l'air, de leur épaisse fumée ; la première et la deuxième divison du 4e corps (de Cissey et Grenier) reçoivent l'ordre d'attaquer vivement le front de l'ennemi.

La division de Cissey ayant toujours à sa droite, la divison Aymard du 3e corps, marche sur Poixe et Servigny. La division Grenier s'avance sur les pentes couvertes de vignes, entre Villers-l'Orme et Failly. L'élan des troupes, n'est malheureusement pas couronné de succès ; et malgré leur bravoure, les 1er et 6e de ligne et 20e bataillon de chasseurs ne peuvent pénétrer dans le village de Servigny. Le 57e de ligne oblique par les vignes sur Poixe et vient rejoindre le 73e placé en avant de la Salette et conjointement avec lui, attaque les retranchements de Vrémy.

La nuit arrivant, et le succès se dessinant sur toute la ligne, l'ordre général est donné de forcer tous les mouvements.

La division Montaudon, toujours renforcée de la division Bataille, rabat l'ennemi sur Rétonfey pour le rejeter sur la Moselle.

La division de Lorencez qui s'était tenue en réserve soutient les deux premières divisions du 4e corps.

Le 6e corps reste sur place, attendant l'ennemi que l'on doit refouler sur lui.

Ce dernier effort de notre armée est accueilli, chez les Prussiens, par un feu nourri de mousqueterie ; mais, ils ne peuvent tenir longtemps devant nos troupes, qui s'avancent au son de la charge en colonnes serrées.

Une compagnie d'éclaireurs du 4e corps, commandée par le capitaine Migneret, escalade les murs des jardins de Servigny et arrive dans le village en même temps que les troupes de la division Aymard ; là se livre un combat terrible corps à corps, entre nos soldats et les Prussiens qui ont élevé des barricades. Il est neuf heures, la fumée de la poudre se mêle au brouillard et la lueur de l'incendie ne suffit même plus à éclairer les combattants ; le feu cesse sur toute la ligne et les troupes passent la nuit l'arme au pied, si près de l'ennemi, que l'on entend les conversations.

Ainsi finit cette bataille, glorieuse pour nos armes, mais qui avait commencé trop tard, pour amener un résultat.

La journée du 1er septembre commence comme celle de la veille, par une brume compacte, couvrant les hauteurs et les vallées, nos divisions en profitent pour rectifier leurs positions prises au hasard dans l'obscurité. A peine le soleil a-t-il, vers huit heures du matin, dissipé le brouillard que les Prussiens nous attaquent de tous côtés par une vive fusillade.

Le troisième corps est le plus fortement engagé ; on a, en effet, pendant la nuit, entendu de ce côté, des passages considérables d'artillerie.

Le 18e bataillon de chasseurs, qui occupe la droite de Flanville est rappelé à sa brigade et la division Bataille se trouve seule à l'extrême droite. Elle fait remplacer les chasseurs par un bataillon du 66e de ligne et à peine a-t-elle pris ses dispositions, qu'elle est attaquée par un feu d'artillerie venant du côté de Rétonfey. D'après les positions occupées la veille, on eut pu croire que c'était une batterie française qui tirait et que nos troupes commençaient l'attaque ; mais l'illusion fût de courte durée, car les projectiles tombèrent bientôt en masse dans nos campements.

En présence de cet état de chose, et en l'absence de tout ordre de qui que ce soit, le général Bastoul fit opérer à sa division un petit mouvement de recul, soutenu par son artillerie qui avait éteint le feu ennemi, et vint se placer à l'auberge de Flanville, perpendiculairement à la route, sa première brigade à gauche se reliant avec les troupes du 3e corps, du côté de Noisseville, la 2e brigade à droite appuyée par la brigade Lapasset qui occupait Colombey. Il fit en même temps prévenir le 51ᵉ de ligne qui était devant Flanville qu'il le faisait soutenir par le 12ᵉ chasseurs à pied. Les mitrailleuses se placèrent devant l'auberge même dirigeant leur feu sur les batteries ennemies établies à Rétonfey ; elles luttèrent longtemps avec succès, mais une nombreuse artillerie prussienne étant venue s'établir sur notre droite, elles durent se replier. En ce moment, la division était donc attaquée de front et sur son flanc gauche avec de très-grandes craintes sur son flanc droit.

Le 3ᵉ corps, prononçant de plus en plus son mouvement de retraite, et le feu de l'artillerie ennemie devenant insoutenable, la division Bataille rompit elle-même en très-bon ordre, par échelons.

A peine avait-elle fait cinq ou six cents mètres, qu'un officier du maréchal Lebœuf vint lui communiquer l'ordre de ne point se retirer et de continuer à soutenir l'aile droite du 3ᵉ corps.

Ce premier ordre verbal fût immédiatement suivi d'un second impératif par écrit qui apprenait au général Bastoul, qu'il était sous les ordres directs du commandant en chef du 3ᵉ corps ; ce qu'il avait ignoré jusqu'à ce moment.

Ce nouvel ordre lui enjoignait de tenir ferme dans les positions qu'il occupait précédemment. Le général Bastoul revint occuper avec toute la division l'auberge de Flanville, et attendit là, sous un feu terrible, de nouveaux événements.

Pendant ce temps, l'ennemi avait repris, en

perdant beaucoup de monde, toutes les positions conquises la veille ; les seize pièces qui lui avaient été si courageusement enlevées et qu'on avait eu la négligence de laisser sur place étaient retombées en son pouvoir.

Nous battions en retraite sur toute la ligne, devant des forces trop considérables pour nous permettre de reprendre l'offensive, le 6ᵉ corps avait à 10 heures 1/2 presque terminé son mouvement.

La division Bataille seule tenait encore ; à onze heures, le commandant en chef du 3ᵉ corps, lui envoya l'ordre *verbal* de battre en retraite, mais le général Bastoul refusa d'obéir ; cependant, la position de la division devenant très-critique, vu l'attaque de trois côtés par l'artillerie ennemie, qui ne lui faisait, il est vrai, pas grand mal, ses dispositions pour défiler ses troupes ayant été très-bien prises, il envoya le colonel Loysel au maréchal Le Bœuf pour lui demander des ordres. Le colonel voulait un ordre écrit, mais sur l'observation du maréchal, qu'il connaissait parfaitement le général Bastoul et le colonel Loysel, celui-ci vint confirmer l'ordre du mouvement de retraite ; toutefois, on ne l'exécuta que lorsque les dernières troupes du général Montaudon (62ᵉ et 51ᵉ) eurent jusqu'au dernier homme passées en arrière de la division Bataille.

La retraite s'effectua alors, toujours en échelons, jusqu'au plateau, situé à droite de la ferme Belle-Croix, sur lequel on avait établi 40 pièces en batterie pour protéger le retour sur Metz de toute l'armée.

Quand le défilé fut terminé, la division Bataille reçut l'ordre définitif de rentrer dans ses campements de Montigny, mouvement qu'elle exécuta par bataillons déployés et en colonnes.

A sept heures du soir tous les corps d'armée avaient repris leurs positions de l'avant-veille ; ces deux journées inutiles qu'on appela la bataille de Servigny, nous coûtaient 3,500 hommes, hors de combat, dont deux généraux : le général Osmond, chef d'état-major du 4ᵉ corps, et le général Manèque, chef d'état-major du 3ᵉ, mort quelques jours après des suites de sa blessure.

Ainsi s'éteignait le dernier espoir de la population messine.

L'armée aurait pu passer le 26 sans obstacles et aller se ravitailler à Thionville, quitte, s'il était nécessaire, à revenir combattre de nouveau sous les murs de Metz pour y faire entrer les immenses provisions emmagasinées dans cette ville.

Le 31 août, bien qu'on en ait dit, malgré le succès de la journée, on ne pouvait avoir l'espoir de franchir les lignes ; le maréchal Bazaine n'en avait, du reste, point eu la ferme volonté, car plusieurs régiments avaient été laissés, sans en prévenir la place, pour garder les camps et surveiller les cols, du côté de Gravelotte et de St-Privat. On disait hautement que le maréchal fier d'un aussi beau commandement que le sien, ne voulait pas avoir à le partager, avec le maréchal Mac-Mahon qui, dans l'esprit public, lui était supérieur ; du reste, sauf la question des vivres qui rendait la position précaire, l'occupation de Metz par l'armée du Rhin constituait un danger perpétuel pour les Prussiens et c'était à l'armée du Centre, que l'on disait considérable et bien organisée, à venir nous rejoindre, car elle marchait vers un point connu ; plutôt qu'à la nôtre, à se lancer sur un territoire envahi, sur lequel sa marche eut été entravée, par des rencontres perpétuelles. Le plus grand reproche à faire, en cette circonstance, doit être adressé à l'intendance, qui eût pu cette fois encore, faire rentrer les blés en gerbes des villages, que l'armée dans sa marche avait laissés derrière elle ; loin de là, elle avait refusé de recevoir en magasin des voitures de fourrages, sous prétexte qu'ils n'étaient pas bottelés et les cultivateurs qui les avaient amenés au péril de leur vie, s'étaient trouvés dans l'obligation de les ramener.

Le général Coffinières qui tenait ses pouvoirs de gouverneur de Metz, directement de l'Empereur, sentant que la position devenait précaire et dangereuse, s'était empressé de se mettre sous les ordres du maréchal Bazaine, pensant ainsi couvrir sa responsabilité. Cependant, aux yeux des habitants, la ville devait faire cause séparée de l'armée ; la garde nationale formée en bataillons nombreux sous la direction du colonel Laffite et des commandants Pardon, Réaux et Meyer, sans se préoccuper du danger, tenait à garder son initiative. Mais le maréchal Bazaine en jugea autrement, il accepta la renonciation du général Coffinières ; et le télégraphe des forts correspondit dès-lors, directement avec lui. On verra par la suite, combien ce manque d'énergie du général fût fatal à la ville.

Il le reconnût du reste bientôt lui-même, car il répéta plusieurs fois que c'était la plus grande faute qu'il eût commise.

Le 2 septembre, le général Decaen mourut des suites de sa blessure et sa perte fût vivement ressentie par l'armée.

Le manque de nouvelles qui, pendant toute la durée de l'investissement, fût la plus grande fatigue morale de la population était surtout pénible quand des bruits vrais ou faux de victoires remportées à l'extérieur parvenaient jusqu'à nous.

Le 4 septembre, la nouvelle de grands engagements dans les Ardennes, entre Mac-Mahon et les Prussiens, s'était répandue on ne sait comment ; chacun courait aux renseignements auprès des personnes qui semblaient devoir être les mieux informées. M'étant rendu au château de la Ronde, qu'habitait M. le maréchal Canrobert, dont j'étais connu d'ancienne date, il m'affirma n'avoir reçu aucune communication officielle ; sa tristesse était profonde et je crois pouvoir rapporter ici des paroles qui peignaient parfaitement la situation actuelle de l'esprit français.

« J'ai voulu, me dit-il, servir encore une fois mon pays et suis venu me mettre sous les ordres du maréchal Bazaine qui avait jadis été sous les miens comme colonel. Nos vieux soldats sont toujours braves et honnêtes ils l'ont, du reste, prouvé dans ces dernières batailles, et la France peut compter sur eux. Mais j'ai été profondément affligé des sentiments qui animent les recrues ; le peuple est complètement démoralisé et l'on a fait pour arriver à ce résultat tout ce qu'il était possible, en ridiculisant les sentiments les plus nobles. Ils ont appelé l'amour filial, qui est la base de la société, *la croix de ma mère* ; l'honneur, *le sabre de mon père* ; et l'autorité *le panache*.

« On a ri, tout le monde a ri, même ceux dont on se moquait et maintenant qu'on voit où cela nous a menés, on pleure.

« Vous, vous verrez la réhabilitation de la France, moi je suis trop âgé et nos désastres me brisent le cœur. Je renverrai au roi Guillaume le grand cordon de l'aigle noir qu'il m'avait donné, à son voyage à Paris car je suis persuadé, qu'à cette époque, il avait déjà préparé ses motifs de guerre et son plan d'invasion. »

Le 6 septembre, toujours par des rumeurs venues on ne sait d'où, nous apprîmes le désastre de Sedan ; le 7, des prisonniers échangés confirmèrent la nouvelle. Il est à noter que chaque fois qu'un événement malheureux se produisait pour la France, les Prussiens s'empressaient de nous le faire connaître par ce moyen.

Pendant que la population s'émouvait à ces récits, l'armée étendait son cercle de défense et fortifiait les abords des ateliers du chemin de fer à Montigny, en même temps qu'elle terminait les forts inachevés.

Le 9 septembre, à six heures et demie du soir, les Prussiens ouvrirent un feu terrible d'artillerie, de toute leur ligne, Saint-Julien, Queuleu, Saint-Privat, Saint-Quentin et Flappeville furent pendant deux heures, criblés d'obus ; quelques-uns vinrent tomber jusque dans le camp de Plappeville et dans les ateliers de Montigny. Les forts répondaient de toutes leurs pièces. Cette formidable canonnade qui avait surpris la ville à l'heure du repas, amena les habitants en foule sur les remparts.

A huit heures et demie, le feu cessa subitement des deux côtés ; on sut plus tard que ce semblant de bombardement avait masqué le passage des quatre-vingt mille prisonniers de Sedan.

A la même date, 9 septembre, M. le général de Ladmirault, commandant en chef le 4ᵉ corps d'armée, lançait de Plappeville l'ordre suivant à ses troupes :

INSTRUCTIONS POUR LES COMBATS.

Les combats auxquels le 4ᵉ corps a pris part, doivent servir d'enseignement pour les troupes, et amener des modifications dans la manière de combattre que nous avons employée jusqu'à ce jour. Les attaques de l'ennemi ont toujours été faites d'après les mêmes dispositions et dans le même ordre ; ainsi l'action commence de son côté, par un feu puissant d'artillerie, allant toujours croissant contre nos batteries, et contre celles de nos troupes d'infanterie, qui peuvent, par leurs masses, offrir un but aux projectiles. Les batteries ennemies, profitent des moindres obstacles pour masquer leurs pièces, elles cherchent à éteindre le feu des nôtres, ou à faire épuiser leurs munitions. Les colonnes de l'infanterie ennemie, sont tenues le plus souvent dans les bois, où elles se dissimulent, et n'agissent ordinairement qu'à la fin de la journée se faufilant à travers de ces mêmes bois, les haies et les plis de terrain. Jamais elles n'ont tenté une attaque à la baïonnette, et elles redoutent le feu de nos fusils qui ont plus de portée et plus de justesse que ceux qu'elles possèdent ; elles ne se découvrent qu'à la fin de la journée, lorsqu'elles voient nos troupes fatiguées, et notre infanterie ainsi que notre artillerie dépourvues de munitions. C'est alors que des mouvements préparés d'avance pour former nos ailes d'un côté et de l'autre, se produisent avec vigueur et audace, soutenus par une artillerie nombreuse.

Cette manière de combattre ayant été constatée chaque fois ; il convient de profiter des observations faites, pour modifier notre ordre d'attaque.

A l'avenir, au lieu de se laisser engager dans les combats d'artillerie de plusieurs heures, il faudra prescrire à nos batteries, de ne jamais faire à l'ouverture de l'action, un usage immodéré de leurs forces, de se couvrir autant que possible, et de se tenir au dehors de la portée moyenne des projectiles ennemis ; mais on s'empressera, dès le début, de jeter en avant les compagnies d'éclaireurs de chaque régiment, par groupes très-minces, et espacés entre eux. Ces éclaireurs gagneront les bois, et les haies qui pourront s'offrir devant eux, et ramperont à travers les plis du terrain, pour se rapprocher le plus possible des batteries ennemies, arrivés à sept ou huit cents mètres, ils dirigeront leur feu sur les servants des pièces, en ne précipitant pas leur tir, et cherchant à corriger la portée de leurs coups; à cette distance, le feu des bons tireurs, peut être très-efficace, et arrêter l'effet d'une batterie, par la destruction des servants.

Le feu des batteries au contraire, est à peu près nul sur des hommes isolés, il est d'ailleurs d'autant moins redoutable, que l'on se rapproche d'avantage des pièces.

Les éclaireurs seront appuyés à distance par des bataillons en colonnes, ayant dans chaque peloton leurs hommes sur un rang, et leurs pelotons assez espacés entre eux, pour ne pas offrir une masse compacte susceptible d'attirer le feu de l'artillerie ennemie, mais assez rapprochés pour pouvoir se réunir rapidement et produire au besoin un grand effet.

Si des bois se présentent devant ces bataillons, ceux-ci s'y jetteront et s'y établiront, non pas à la lisière, mais dans toute la profondeur, et chercheront à déloger l'ennemi à la baïonnette.

Lorsque l'infanterie, aura pu produire un peu de désordre parmi les troupes, et parmi l'artillerie ennemie, notre artillerie devra alors se rapprocher, et donner à son feu toute sa puissance et toute son intensité.

Quant à la cavalerie, elle ne devra pas négliger

de prendre le rôle important qui lui est assigné dans les batailles, celui de couvrir l'aile d'un corps d'armée.

Une aile ne sera couverte qu'autant qu'elle sera éclairée sur son flanc à une distance de quatre à cinq cents mètres ; la cavalerie emmènera ses batteries d'artillerie, et ne devra pas hésiter à attaquer les premières troupes qu'elle pourra rencontrer. Elle aura soin de se relier avec l'infanterie des ailes, par de petits pelotons, qui préviendront les généraux commandant ces ailes, des événements qui pourraient surgir; elle fera également donner avis aux commandants des corps d'armée. Pendant le combat, les généraux, les chefs de corps et chefs de bataillons devront constamment tenir leurs troupes engagées, ils devront les diriger, les faire soutenir, et tenir les troupes voisines, ainsi que le commandant en chef au courant des événements.

Pendant la nuit, lorsque leurs troupes occuperont des positions avancées, ils devront les relier à eux et aux réserves par des petits postes intermédiaires afin d'être prévenus des événements et de pouvoir être en mesure d'achever un succès préparé.

Les avants-postes auront soin de se couvrir toujours par des tranchées-abri.

MM. les généraux profiteront des loisirs du bivac pour faire faire fréquemment aux troupes des théories sur le tir et apprendre aux jeunes soldats à se servir de la hausse.

Dans le combat, les officiers indiqueront aux

hommes les distances auxquelles ils tireront, ils suivront le coup pour corriger la portée.

Les officiers de tous les corps prendront chacun une copie de cette instruction qui sera lue aux troupes pendant cinq appels consécutifs.

Ces instructions, très sages et très bien comprises, arrivèrent un peu tard malheureusement, l'armée n'eût plus guère occasion de les appliquer. Ce ne fut que le 11 septembre, que l'on trouva sur un Prussien un journal allemand, *la Gazette de la Croix*, qui annonçait les malheureux événements de Sedan. Le 12, en plein conseil de généraux, le maréchal Bazaine affirma sur l'honneur qu'il n'avait pas reçu de nouvelles officielles. Le 13, on affichait sur les murs de Metz, la proclamation suivante :

HABITANTS DE METZ !

On a lu dans un journal allemand, *la Gazette de la Croix*, les nouvelles les plus tristes sur le sort d'une armée française écrasée par le nombre de ses adversaires, sous les murs de Sedan, après trois jours d'une lutte inégale. Ce journal annonce également l'établissement d'un nouveau gouvernement par les Représentants du Pays. Nous n'avons pas d'autres renseignements sur ces événements, mais nous ne pouvons pas non plus les démentir.

Dans des circonstances aussi graves, notre unique pensée doit être pour la France ; notre devoir à tous, simples citoyens ou fonctionnaires, est de rester à notre poste, et de concourir ensemble à la défense de la ville de Metz. En ce moment solennel, la France, la Patrie, ce nom qui résume tous nos sentiments, toutes nos affections, est à Metz, dans cette Cité qui a tant de fois résisté aux efforts des ennemis du Pays.

Votre patriotisme, ce dévouement dont vous donnez déjà tant de preuves par votre empressement à recueillir et à soigner les blessés de l'armée, ne peuvent faire défaut. Vous saurez vous faire honorer et respecter de nos ennemis par votre résistance ; vous avez d'ailleurs d'illustres souvenirs qui vous soutiendront dans votre lutte énergique.

L'armée qui est sous nos murs, et qui a déjà fait connaître sa valeur et son héroïsme dans les combats de Borny, de Gravelotte, de Servigny, ne nous quittera pas ; elle résistera avec nous aux ennemis qui nous entourent, et cette résistance donnera au Gouvernement le temps de créer les moyens de sauver la France, de sauver notre Patrie.

Metz, le 13 septembre 1870.

L. Coffinières,
Général commandant supérieur la place de Metz.

Paul Odent,
Préfet de la Moselle.

Félix Maréchal,
Maire de Metz.

Le 14, le prince Murat, qui avait sans doute reçu la nouvelle certaine de la déchéance de l'Empereur, craignant peut-être pour sa sécurité personnelle, vint trouver M. Géhin, chimiste, et lui offrit une somme considérable pour lui construire un ballon qui pût l'emporter au-dessus des lignes prussiennes jusqu'en Belgique. Ce projet n'était pas réalisable, les matériaux nécessaires n'existaient pas dans la ville ; le vernis pour enduire l'étoffe manquait, et on avait la plus grande peine à fabriquer des montgolfières pour le transport des dépêches.

C'est ici le moment de s'occuper de la presse messine. Quatre journaux, d'opinions différentes, paraissaient dans Metz : *le Moniteur de la Moselle*, journal officiel de la préfecture ; *le Courrier de la Moselle*, rédacteur en chef : M. Réaux, journal républicain ; *le Vœu National*, écho du parti clérical, rédigé par M. Vaillant, et *l'Indépendant de la Moselle*, journal sans opinion.

Le *Moniteur* avait pour gérant M. Victor Maline, un des hommes les plus honorables de la ville ; son rédacteur en chef ayant, vers la fin du mois d'août, publié un article militaire, jugé dangereux, comme renseignement pour l'ennemi, le général Coffinières suspendit le journal pour quinze jours ; M. Maline, outré du peu d'égard que l'on avait pour ses 18 ans de bons services, déclara qu'il ne reparaîtrait qu'à la fin de la guerre.

L'*Indépendant* qui avait pour imprimeurs et rédacteurs, deux juifs : MM. Mayer père et fils, se soumit aux volontés du général et mit ses colonnes à la disposition de son état-major, forçant ainsi ses collaborateurs non-payés à se retirer.

Le 18 septembre, un journal officiel arrivé comme toujours, par des prisonniers, nous apprit la composition du gouvernement provisoire et en même temps le remplacement de notre préfet : M. Paul Odent.

L'idée du gouvernement de la défense nationale fut bien accueillie ; mais on blâma le changement du préfet, qui jouissait, avant la guerre, de l'estime publique et dont on avait eu à se louer depuis le commencement du blocus.

Le 19, on fit courir le bruit que le roi de Prusse refusait de reconnaître le nouveau gouvernement, et ne voulait traiter qu'avec l'Impératrice ou le maréchal Bazaine représentant l'Empereur à l'armée du Rhin. Cette nouvelle partait de l'état-major.

Le 20 et le 21 furent des journées d'une longueur désespérante pour la population qui voyait les militaires entrer dans la ville par bandes compactes et s'en retourner chargés de provisions ; la garde surtout étant bien payée achetait à tout prix les aliments de première nécessité, et rendait les marchés inabordables aux pauvres gens. Les fourrages manquaient complètement en magasin ; ceux que l'on avait forcé les particuliers à livrer, étaient réservés aux états-major. On nourrissait les chevaux de la troupe avec des feuilles de peupliers, encore ne pouvait-on leur en donner en grande quantité car les arbres étaient rares dans le périmètre des forts. Pour les soldats, la plus grande privation du moment était le sel ; l'eau salée de la source du fort Belle-Croix, donnait peu de résultat, il fallait la laisser évaporer longtemps sur le feu avant de pouvoir s'en servir pour tremper la soupe ; il est vrai que l'inaction de l'armée, lui donnait tout le loisir de s'occuper de ses aliments.

Le 22 septembre, on sut par des paysans qu'il restait à Lauvallier, quelques voitures de fourrages et des gerbes de blé.

La division Montaudon reçut l'ordre d'aller s'en emparer. On fit à cet effet, une fausse attaque en face de Servigny, sur la gauche ; et de Colombey sur la droite, pendant que le 51e de ligne, accompagnait des voitures du train et soutenu par des chasseurs à pied en tirailleurs, s'élançait sur le village pour y fourrager.

Les Prussiens accueillirent nos soldats par une vigoureuse canonnade, heureusement sans résultat désastreux. La rapidité avec laquelle ce mouvement fût exécuté fit que nous n'eûmes que quelques hommes blessés, malgré le feu violent dont l'ennemi nous poursuivit jusqu'à la ferme Belle-Croix, que le génie avait fortifiée. Nous vîmes là, un fait singulier de l'insouciance des enfants. Un obus qui avait dépassé les tranchées tomba sur la grande route, sans percuter, et glissa pendant quelques centaines de mètres avec la rapidité de l'éclair ; les gamins du village, qui voyaient chacun s'écarter avec terreur, se groupèrent pour l'arrêter ; heureusement, le projectile rencontra une pierre, et fit un écart qui l'envoya au loin dans un champ où il éclata en tombant.

Quant le danger fut passé, le capitaine d'état-major Laballe, aide de camp du général Montaudon, partit d'un éclat de rire à l'aspect de la consternation des enfants si miraculeusement sauvés et s'écria : « Que feront donc les gamins de Paris? »

Dans le village des Bordes, qui est situé à quelques cents mètres en arrière de la Belle-Croix, habitait un brasseur du nom de Hitter, qui s'est acquis une telle réputation de courage et d'adresse qu'on ne peut s'empêcher de citer son nom. Il était devenu la terreur des Prussiens, il se livrait à leur chasse comme à celle de la bête fauve. Il enleva plusieurs voitures de vivres à l'ennemi et lui tua plus de cent hommes. Le jour de la bataille de Servigny les généraux de Valabrèque, de Juniac et Bastoul, lui donnèrent une poignée de main, en lui faisant compliment. Le père Hitter, pour témoigner sa reconnaissance à ces messieurs, alla immédiatement aux avants-postes et descendit quelques Prussiens. C'était un vieillard à barbe blanche, d'une énergie remarquable, il essaya, mais en vain, de faire des élèves, le métier était trop dangereux, on l'accompagnait volontiers un jour dans ses excursions, mais rarement il revoyait deux fois les mêmes amateurs. Il rendit de grands services et son nom, comme exemple de patriotisme, devra rester populaire.

Notre butin ne fut pas considérable et à dater de ce jour, nous eûmes de temps à autres de ces excursions, qui n'eussent point été nécessaires, si l'on avait rentré à temps les provisions que contenaient les villages d'alentour.

Le lendemain, 23 septembre, on lisait sur les murs de Metz l'affiche suivante :

ARRÊTÉ
CONCERNANT LES DENRÉES ALIMENTAIRES

Son Excellence M. le Maréchal Bazaine, commandant en chef de l'armée a bien voulu céder à la ville le nombre de chevaux nécessaires à l'alimentation publique.

Cette cession est faite dans de telles conditions que les tarifs fixés par l'arrêté du 15 septembre seront abaissés comme il suit, à partir du 25 courant :

Viande de cheval, parties basses .. 0 fr. 10 le kilog.
　　　　»　　　parties moyennes 0 fr. 50
　　　　»　　　viande de choix
　　　　　　　　(le filet excepté), 1 fr.

Metz, le 23 septembre 1870.

Le général de division commandant supérieur de la place de Metz,
　　　　　　　　　　　　　　　　　Coffinières.

Le même jour, la division Aymard exécuta un fourragement sur Vany, mais les Prussiens mis sur leurs gardes par le mouvement de la veille enlevèrent eux-mêmes, toutes les denrées dès qu'ils virent nos troupes se déployer et nous mirent une centaine d'hommes hors de combat, avec leurs batteries fixes de Charly et des batteries volantes qui vinrent nous prendre d'écharpe, par les hauteurs de Failly. Dans cette affaire, nous eûmes un franc-tireur, nommé Weynante, tué, et la mort d'un enfant de la ville exposé par ordre du maréchal Le Bœuf au feu de l'ennemi, quand cent mille hommes restaient inactifs dans les camps, produisit plus d'effet sur la population, que la perte d'une bataille.

Le 24 septembre, la société Internationale de secours aux blessés, s'en alla, précédée de son drapeau blanc, sur le champ d'attaque de la veille, à la recherche du corps d'un lieutenant du 60°. L'expédition était dirigée par M. Muley qui eut beaucoup de mal à obtenir le passage à travers la ligne ennemie ; les Prussiens ayant répondu qu'il n'y avait pas eu de lieutenant du 60° tué à l'affaire de Vany et que c'était un prétexte peu loyal de venir examiner leurs travaux.

Cependant, le lieutenant Chadabert manquait au corps ; le capitaine Defaucamberge affirmait l'avoir vu tomber mortellement frappé auprès de Chieulles. Un colonel prussien qui s'était approché, pendant cette discussion, menaça tous les membres présents de la société de les faire prisonniers et de les envoyer au quartier général : « il tenait à la » main, nous a dit M. Muley, un numéro de l'*Indé-* » *pendant de la Moselle* du matin » ; et comme il allait exécuter sa menace, arriva un autre officier qui déclara qu'il avait lui-même tué, d'un coup de fusil, un lieutenant, mais il ajoutait que c'était du

44e de ligne et non du 60e, et il indiquait l'angle d'une haie où il avait été enterré. Sur les instances de l'*Internationale*, on déterra le corps ; c'était bien celui du lieutenant Chadabert, mais il avait, en effet, une capote du 44e, qu'un de ses amis lui avait cédée.

Les Prussiens nous prouvaient, par leur méfiance, qu'ils se servaient de ces moyens frauduleux, qui répugnent au caractère français. On sait que nos soldats ont été souvent victimes de leur magnanimité, en épargnant la vie aux troupes prussiennes qui levaient la crosse en l'air, pour se rendre et tiraient ensuite quand on approchait pour les désarmer.

Le même jour, on avait fait l'appel suivant aux vignerons :

AVIS AUX PROPRIÉTAIRES DE VIGNES.

Les sarments de vignes, mélangés à une quantité de grains insignifiante, composent une alimentation suffisante pour entretenir les chevaux en bon état. Il importe d'utiliser cette ressource qui, en ce moment, n'entraînera que peu ou pas de préjudice pour la vigne si on a soin de pratiquer cette taille hâtive à quelques centimètres au-dessus du point choisi ordinairement

En conséquence, les propriétaires de vignes sont invités à faire opérer immédiatement cette coupe de sarments, et à les porter au magasin aux fourrages du Saulcy, où ils seront reçus et payés par les soins de l'Administration militaire.

Metz, le 24 septembre 1870.

Le général de division commandant supérieur,

COFFINIÈRES.

Ce qui prouvait que les feuilles manquaient ; après les sarments de vignes, nous allions voir nos pauvres chevaux manger les jeunes branches d'arbres, puis enfin des copeaux de peupliers verts ; et cependant on voyait des hauteurs, à quelques kilomètres, en plaine, des monceaux de fourrages et de grains et des troupeaux considérables que les Prussiens semblaient mettre exprès sous nos yeux pour nous infliger le supplice de Tantale.

Le 25 septembre eut lieu la première revue de la garde nationale : officiers et soldats, tout le monde était en blouse. Au zèle que chacun mettait à commander et à obéir, on sentait que les cœurs étaient animés d'un grand sentiment patriotique.

Pendant la nuit du 25 au 26, on mit clandestinement en batterie quatre pièces de 24 court à 1,500 mètres en avant du fort de Saint-Quentin et dans la journée on tira sur les batteries prussiennes de Jussy et des Géniveaux. Cette ruse eut pour résultat de faire sauter les parcs prussiens.

Dans cette même journée du 26 septembre, on apprit le départ du général Bourbaki. On prétendit que le maréchal Bazaine l'avait chargé d'une mission auprès de l'Impératrice ; le maréchal avait de fréquentes communications avec le prince Frédéric-Charles de Prusse qui professait, disait-on, pour lui, une haute estime. A cette époque, du reste, et malgré les souffrances physiques que l'on commençait à endurer, personne ne doutait ni des talents ni du courage du commandant en chef de l'armée du Rhin. Seuls, ceux qui se souvenaient du Mexique éprouvaient de grandes craintes en lui voyant aborder les questions politiques et si nous ne doutions pas de son honneur comme militaire, nous avions tout lieu de penser qu'il n'était point à la hauteur de nos ennemis comme homme d'Etat.

Le 24 septembre, la brigade Lapasset opéra sur Peltre un fourragement qui prit les proportions d'une vraie bataille. L'initiative du mouvement fut due à M. Dietz, ingénieur-chef des ateliers du chemin de fer à Montigny.

Il s'agissait d'aller enlever des trains de provisions garées entre Courcelle et Peltre. M. Dietz avait fait blinder une machine et avait armé ses tampons d'avant de deux crochets puissants qui, par le choc même, saisissaient les wagons et permettaient de les ramener en vitesse. Pendant qu'il devait opérer cette manœuvre hardie, un train contenant le 12e bataillon de chasseurs à pied le suivait à petite distance pour lui prêter main forte au besoin. La brigade s'était portée en avant, par les hauteurs, renforcée par deux mitrailleuses de la batterie Dupré. L'attaque fut enlevée avec tant de promptitude et de vigueur, que les Prussiens furent surpris dans le village et faits prisonniers au nombre de huit cents, sans pouvoir être soutenus par les troupes arrivées en hâte de Jussy pour les secourir ; nos mitrailleuses, bien postées sur un mamelon, écrasaient leurs bataillons au fur et à mesure qu'ils se présentaient.

La réussite de cette entreprise hardie eût été complète, si le projet n'avait été éventé par un traître qui fut reconnu et fusillé. Les Prussiens avaient évidé la ligne sur une longueur de cent mètres, ce qui empêcha la machine de passer. Nos troupes rapportèrent cependant de cette expédition une assez grande quantité de provisions. Les ennemis, pour se venger, incendièrent le village aussitôt après le départ des Français ; et pour éviter de semblables tentatives mirent aussi le feu à la Grange-au-Bois, à Colombey et à Mercy-le-Haut. Le soir, ils s'approchèrent de la Basse et de la Haute-Bevoye pour continuer leur œuvre de destruction ; mais une violente canonnade du fort de Queuleu les força à se retirer en désordre.

Le 28, ils mirent au moyen de leur batterie de Sémecourt, le feu à Sainte-Agathe, et le 29, ils brûlèrent le village de la Maxe, jusqu'à la dernière maison.

Ces actes de vandalisme indignaient la population et l'on murmurait tout haut de voir une armée comme la nôtre, rester inactive et ne point se ruer sur ces barbares.

Les journées du 30 septembre et du 1er octobre se passèrent sans événements.

Le 2, nos troupes attaquèrent le château de

Ladonchamps et le reprirent aux Prussiens, après une vive résistance; ce point avait de l'importance, comme centre de la plaine de Thionville; nous perdîmes beaucoup de monde pour reprendre une position que l'on eut jamais dû quitter; depuis lors, ce château devint le théâtre d'engagements journaliers presque toujours insignifiants. Pendant la même journée, la batterie prussienne de Jussy, incendia une partie du village de Sainte-Ruffine; c'était pour se venger de ce que les francs-tireurs avaient tué des sentinelles avancées.

Le 3 octobre, on distribua quatre jours de vivres aux troupes, et le bruit circula de nouveau, que le maréchal Bazaine se décidait à faire sortir l'armée.

Le 4 octobre, la nouvelle ayant pris consistance, le général Coffinières pensa à augmenter la garnison de Metz des campagnards qui s'étaient réfugiés dans la ville; il fit l'appel suivant, auquel, sur six mille, cent quarante seulement répondirent :

Par décision de M. le général commandant supérieur, les habitants des campagnes sont autorisés, sur leur demande, à recevoir des armes pour coopérer à la défense de la place. Ils pourront se faire inscrire, à titre de volontaires, sur les contrôles de la garde nationale sédentaire, tous les jours, de deux heures à cinq heures, au bureau de l'état-major, à l'hôtel de ville.

Metz, le 4 octobre 1870.

Le colonel de la Garde nationale,

LAFFITE.

Le 5 octobre, les Prussiens dirigèrent sur Ladonchamps, une vive canonnade ; cinq cent quatorze obus tombèrent sur le château et dans ses dépendances, mais heureusement ne tuèrent que deux hommes et en blessèrent quatorze seulement.

Le 6, le fort de St-Quentin éteignait les batteries de Jussy qui tiraient sur le village de Scy pour l'incendier ; on évacua ce jour là les blessés de Longeville, sur Metz. Cette mesure confirma les bruits de départ de l'armée.

Le 7 octobre, l'ordre fut donné au 6me corps d'attaquer les batteries de Sémécourt, en suivant sans bruit, les hauteurs et masquant le mouvement par les bois de Norroy et de Fèves ; le 25e et le 26e de ligne partirent à dix heures du matin, avancèrent rapidement sans d'abord rencontrer l'ennemi, puis ayant trouvé les Prussiens massés dans les bois de Fèves, ils les chargèrent à la baïonnette d'une façon si énergique et si courageuse, qu'ils les rejetèrent au-delà de leurs retranchements, et un bataillon arriva jusqu'à l'une de leurs batteries composée de douze pièces et s'en empara après avoir tué tous les servants ; malheureusement, un retour offensif en nombre des Prussiens fit craindre à nos soldats d'être cernés et ils durent abandonner les canons, faute d'engins nécessaires pour les enlever. Pendant cette attaque, d'autres troupes forçaient les lignes en avant de Ladonchamps, et les voltigeurs de la garde s'emparaient des petites et des grandes Tapes, malgré le feu violent de face des batteries d'Amélange, et celui d'écharpe de celles d'Olgy.

Sur la droite, des divisions du 3ᵉ corps, faisaient une diversion du côté de Sainte-Barbe, Rétonfey et Flanville.

L'ensemble du mouvement fût brillamment exécuté, on fit sept cents prisonniers tous Polonais du duché de Posen, et on refoula l'ennemi jusque dans ses troisièmes lignes, malgré ses feux divergents.

Du côté de Sainte-Barbe, il y eut de hardis déploiements d'infanterie ; mais, entre Sainte-Barbe et Malroy, on ne fit point un mouvement ; cette inaction de toute une division permit aux Prussiens de disposer des forces qu'ils avaient là pour renforcer celles de la plaine de Thionville et fit que leur batterie d'Olgy pût être doublée sans être inquiétée. On accusa hautement de trahison le maréchal Le Bœuf ; la journée était manquée ; à six heures, nos troupes rentraient tranquillement dans leur camp ; on aurait pu passer, mais évidemment on ne l'avait point voulu ; les instructions du quartier général avaient été expédieés avec intention trop tard au maréchal commandant le 3ᵉ corps.

Le 2ᵉ et le 4ᵉ corps n'avaient eux reçu aucun ordre de départ, c'était une simple fantasia qui nous coûtait dix-huit cents hommes hors de combat. Après cette affaire, il n'y avait plus à en douter, M. le maréchal Bazaine voulait garder l'armée du Rhin sous les murs de Metz.

Ce fût, du reste, le dernier engagement de cette campagne malheureuse. On lui donna le nom d'affaire de Ladonchamps. La conduite héroïque de nos soldats, déjà à cette époque accablés de privations, prouvait combien on pouvait encore compter sur leur courage ; et une note du docteur Armand, médecin major du 2e voltigeurs, prouve que l'état sanitaire de l'armée était à ce moment très-satisfaisant et que l'inaction seule était préjudiciable aux troupes.

Des bruits de révolte avaient circulé dans le camp de la garde; elle avait été très-jalousée par l'armée au temps de sa splendeur et maintenant les soldats se vengeaient de ses dédains d'autrefois, en lui reprochant d'avoir toujours servi de réserve et de n'avoir presque point donné. C'était pour éviter des désordres que le général Bourbaki avait été, dit-on, lui-même demander à faire une trouée; on ajoutait qu'il s'était chargé de rétablir, à lui tout seul, le prince impérial sur le trône de France, et que c'était à cet effet qu'il était parti pour l'Angleterre. La garde qui ne pouvait souffrir le sobriquet de *démodés* que la ligne lui avait donné, attendait avec impatience le retour du général et murmurait de sa trop longue absence. Le maréchal Bazaine savait bien qu'il ne reviendrait pas et l'état-major général faisait circuler le bruit que Bourbaki était fou et qu'on l'avait fait enfermer.

Il importait au maréchal, qui lui-même, nourissait l'espoir du rétablissement de la dynastie impériale, et qui était entretenu dans cette idée par les Prussiens, qu'un autre ne vint pas lui enlever le fruit d'un plan qu'il mûrissait depuis la capitulation de Sedan, en se l'appropriant.

C'était alors, pour éviter les récriminations, qui par suite de l'inaction, tournaient au mutinisme, qu'il avait fait donner la garde à Ladonchamps, en prenant toutefois des précautions, pour que son ardeur ne lui fît pas dépasser le but qu'il s'était proposé ; une leçon meurtrière et non une victoire pouvant entraîner le passage de l'armée. Il avait, du reste, remplacé le général Bourbaki dans son commandement, par le général Desvaux, qui n'eût point à exercer son autorité.

Dans la nuit du 7 au 8 octobre, les Prussiens firent un retour offensif, reprirent, sans rencontrer d'obstacles de notre part, les grandes et les petites Tapes, mais perdirent beaucoup de monde dans une attaque infructueuse contre Ladonchamps.

Le mauvais temps était revenu, de fortes pluies accompagnées de grands vents, rendaient le séjour des camps pénible et difficile, et l'insuffisance des rations amenait un abattement physique, qui affaiblissait malheureusement le moral des troupes.

Les préoccupations étaient tellement grandes à l'aspect de la misère générale, qui nous conduisait à grands pas vers une fin fatale, qu'à peine l'on s'aperçût de la vive canonnade que le Saint-Quentin dirigea le 9 et le 10 sur Frescati. Elle avait cependant une grande importance, et prouvait que les Prussiens, n'avaient pas encore dans les mains, comme le bruit en courait, de traité de paix ou de capitulation, et qu'ils se fortifiaient de plus en plus dans la craint d'un mouvement offensif de l'armée.

Le 11 octobre, la garde nationale se porta en masse, mais en bon ordre sur la place d'Armes, et força le maire de Metz, M. Maréchal, à proclamer la République. De là, une députation alla trouver M. le maréchal Bazaine, au Ban-Saint-Martin, pour protester contre toute idée de capitulation.

M. le maréchal, commandant en chef l'armée du Rhin, répondit aux délégués de la ville : « Qu'il était heureux de les voir dans de pareils sentiments, qui étaient aussi les siens. » Il ajouta que dorénavant, il communiquerait par affiches, à la population tous les documents officiels qu'il recevrait.

Ces démarches jetaient une grande perturbation dans l'esprit public; en admettant, qu'elles n'eussent rien de fondé, elles n'en prouvaient pas moins des craintes sérieuses.

Le 12 et le 13, des groupes se formèrent dans les rues, et l'on cria à la trahison; le conseil municipal, poussé par la population, fit une protestation, demandant à ce que l'on rationnât la troupe, et à ce que l'on divisât les intérêts de la ville de ceux de l'armée.

Le Maréchal Bazaine, qui trouvait toutes les manifestations insultantes pour lui, menaça de faire transporter tous les vivres de la place dans le camp, et déclara qu'il ferait marcher, en avant des troupes, tous les signataires des pétitions, qui lui reprochaient de trahir la France, en demeurant dans l'inaction. Cette dernière menace n'effraya personne, c'était ce que l'on demandait.

Le 14, il y eût une nouvelle réunion sur la place d'Armes, et l'on cria avec enthousiasme au pied de la statue de Fabert, que l'on avait couronnée d'immortelles : « Vaincre ou mourir. »

Il fût décidé ce jour-là, que la garde nationale, occuperait les portes de la ville, et que des délégués seraient envoyés dans les forts ; c'était le général Coffinières qui s'était soumis à cette surveillance comme preuve de sa bonne foi.

Pendant qu'on endormait la population inquiète, par des concessions insignifiantes, le maréchal Bazaine continuait ses relations avec les Prussiens, et leur envoyait le général Boyer comme parlementaire.

Dans la nuit du 14 au 15, il y eût un violent orage, et la répercussion du tonnerre sur les hauteurs, fît croire à une vive canonnade du côté de Mars-la-Tour. Le matin les mêmes bruits, mais du côté de Saint-Privat, se repétèrent encore ; les nuages étaient très-bas, et parfois l'on entendait des coups sourds, semblables à ceux du canon.

La population était dans un grand émoi, et quelques personnes ayant dit que c'était une armée de secours qui arrivait, on s'indigna que le maréchal n'exécuta point une sortie pour aller au devant d'elle.

En vain, voulut-on démontrer, qu'en admettant, que ce ne fût point le tonnerre, ce devait être l'écho du bombardement de Verdun ; on ne rencontra que des incrédules ; le désir d'être délivré, changeait un faux espoir en certitude. A deux heures de l'après-midi, pour couper court à toutes ces versions, sans fondement, nous allâmes aux avant-postes de Moulins à Maison-Neuve, demander des renseignements au 57e de ligne, qui avait passé la nuit dans les tranchées. Un de nos jeunes compagnons, Robert Duparc, substitut du procureur impérial de la Martinique, venu à Metz, comme lieutenant de la mobile, fût frappé mortellement au milieu de nous, et sa mort fût d'autant plus regrettable, que les hostilités étaient suspendues, et que cette démarche confirma notre opinion, que personne n'était venu à notre secours.

Le 16 octobre, il y eût encore quelques canonnades des forts contre les tranchées ennemies, c'était le feu mourant d'une citadelle qui s'éteint. On n'avait plus d'espoir que dans le retour du général Boyer, et cependant, bien que nous ne voulions point attenter à son honneur, l'opinion de l'armée ne lui était pas favorable.

Voici quelles étaient les propositions, disait-on, (car le maréchal Bazaine était toujours impénétrable), qu'il avait été chargé de porter à Versailles ; l'armée se retirerait sous Amiens, s'engageant à ne plus servir de la campagne. L'Impératrice, que les habitants de cette ville avaient surnommée ; *la Sœur de Charité*, devait venir avec le prince Impérial, se mettre sous sa sauve garde, et traiter comme régente des préliminaires de la paix. L'Impératrice ayant refusé de rentrer en France, dans la crainte, disait-elle, d'avoir le sort de l'infortunée Marie-Antoinette, le plan échoua, et toute idée du rétablissement de la dynastie impériale fût à jamais perdue.

La deuxième proposition était que l'armée s'en irait dans le Midi avec promesse de ne plus servir pendant toute la guerre. On offrait même de se retirer en Afrique. Toutes les conditions furent rejetées ; l'armée du Rhin et la ville de Metz appartenaient de droit aux Prussiens, il n'y avaient pour cela que quelques jours à attendre.

Le 17 octobre, sur les instantes prières des habitants, on voulut bien s'occuper de la question des vivres ; l'idée de capitulation ne pouvait avoir prise sur cette population qui s'énorgueillissait de père en fils de la virginité de ses murs ; et l'armée, malgré les tergiversations venues d'en haut sentait encore la honte monter à son front à l'idée d'être assimilée à celle de Sedan.

Le 18, on rationna les habitants par l'arrêté suivant :

PLACE DE METZ

ARRÊTÉ

Concernant les denrées alimentaires

Le général commandant supérieur à Metz ;

Vu la décroissance rapide de nos ressources en grains et farines ;

Vu l'accroissement de la population résultant de l'entrée en ville des populations rurales refoulées par l'ennemi ;

Vu l'urgence de prendre les mesures les plus énergiques pour prolonger la défense;

Attendu qu'il est équitable de donner la même ration aux habitants qu'aux troupes de la garnison de Metz,

Arrête :

A partir de mercredi 19 octobre courant, la ration de pain attribuée à chaque habitant sera fixée de la manière suivante :

- La ration entière. . . . 300 grammes.
- La demi-ration. . . . . 200 grammes.
- Le quart de ration. . . 100 grammes.

Les quantités de farines attribués aux communes suburbaines leur seront délivrées en prenant pour base le poids de la ration tel qu'il est déterminé ci-dessus.

Metz, le 18 octobre 1870.

Le général de division commandant supérieur de la place de Metz.

COFFINIÈRES.

Mais cette mesure était loin d'être assez énergique ; il eut fallu contrôler le nombre de rations distribuées à l'armée, et ce n'était pas au premier jour de l'agonie qu'il eût fallu attendre pour arrêter un gaspillage aussi préjudiciable à tous les intérêts.

Le général Boyer était arrivé et le conseil des généraux avait été assemblé pour entendre les pénibles communications qu'il avait à faire à la suite de son voyage : Paris, que nous avions toujours considéré comme devant être le tombeau de l'armée prussienne, se trouvait complètement investi et la révolution la plus sanglante y avait éclaté. La province était bouleversée par les idées révolutionnaires les plus subversives ; Rouen avait été obligée d'appeler les Prussiens pour se sauver du pillage des insurgés; la guillotine fonctionnait à Lyon ; et d'autres nouvelles de ce genre, faites à plaisir pour désoler la population et jeter la consternation dans l'armée, naturellement composée de pères, de fils privés depuis longtemps de nouvelles de leurs familles.

Ces détails mensongers avaient été inventés pour faire regretter le régime impérial.

Dans ce même conseil, le général Frossard eût une forte discussion avec le général Coffinières et ces messieurs se dirent en public des vérités sévères.

Le 19 octobre, le général Boyer repartit en mission par la voie du Luxembourg ; il allait, dit-on, à Londres faire une dernière tentative. Le maréchal Bazaine sentait la partie perdue et voyait trop tard que les Prussiens avaient exploité ce qu'il appelait son dévouement à l'Empereur.

L'esprit de la population était agité par tous ces bruits de révolutions extérieures.

On parlait politique dans les groupes, et l'opinion générale était contraire à toute idée de rétablissement impérial.

Le 20 octobre, nous apprîmes à n'en plus douter,

que la capitulation était décidée en principe, que les Prussiens n'avaient point voulu séparer l'armée de la ville, malgré les instances du maréchal Bazaine et qu'il ne nous était accordé que jusqu'au 24 au soir, pour rendre réponse. On n'avait encore osé faire aucune communication officielle à l'armée et les officiers subalternes se leurraient toujours de l'espoir qu'on allait les consulter et tous se proposaient de voter à l'unanimité pour une trouée.

Cependant, le 23 octobre, l'armée n'ayant reçu, ni ordre de départ, ni instruction concernant l'armistice, on fit quelques réunions particulières dans le but de sauver autant que possible les soldats et les officiers du déshonneur que la faiblesse de leurs chefs allait leur infliger. On savait, en effet, le 24, que le maréchal Bazaine avait lu au conseil des généraux, une dépêche du général Boyer et de M. de Bismark annonçant que toutes les combinaisons avaient avorté. Tout était perdu pour nous.

La France allait avoir à juger qui avait faibli de la population ou de l'armée.

A l'unanimité, moins une voix, le conseil de guerre avait décidé la capitulation.

Le 25 octobre, le maréchal Bazaine, dont la porte était gardée par deux mitrailleuses, consentit à ce que le général Changarnier fît une démarche auprès du prince Frédéric-Charles dans l'espoir de rendre la capitulation au moins honorable pour l'armée ; mais le prince déclara ne pouvoir traiter avec le général, qui avait cessé de faire partie de l'armée active. Dans la simple conversation qu'ils eurent alors, il lui dit qu'il avait été douloureusement surpris de voir la négligence que l'on avait mise à approvisionner Metz, négligence qui entraînait la ruine d'une armée aussi valeureuse, et celle de généraux qui avaient donné tant de preuves de courage sur les champs de bataille où il les avait rencontrés; et il lui affirma qu'il avait toujours eu connaissance des décisions des conseils et des mouvements de l'armée.

La mission du général Changarnier était terminée, le maréchal Bazaine renvoya vers le prince, le général de Cissey. Celui-ci fit ses efforts pour séparer la capitulation de l'armée de celle de la ville; mais le prince fut inébranlable dans sa résolution. Il savait, disait-il, très-exactement dans quel état se trouvait les forts avant la déclaration de guerre; ils étaient à peine ébauchés et ne pouvaient offrir de résistance sérieuse; c'était l'armée qui les avait achevés, et qui par sa présence avait fait de Metz une forteresse imprenable autrement que par la famine; par conséquent, il exigeait que la même capitulation confondit à la fois la ville et l'armée.

Les choses étant ainsi, le général Jarras, chef d'état-major général du maréchal Bazaine, se rendit au château de Frescati, pour signer le protocole de la capitulation.

Le 26, le conseil municipal recevait de M. le maréchal Bazaine, la triste communication de l'ultimatum prussien, qui condamnait notre ville à partager la honte de l'armée.

Qu'allaient penser les Français de l'avenir?

Avions-nous même conquis par nos souffrances et nos privations l'estime de nos ennemis?

CONSEIL MUNICIPAL DE METZ

Séance du 26 octobre

En réponse à la délibération transmise hier à M. le maréchal Bazaine, le conseil a reçu, à l'entrée de la séance de ce jour, une douloureuse communication qui sera portée demain par M. le général Coffinières à la connaissance de tous nos concitoyens.

Il résulte de cette communication que l'armée assiégeante a refusé tout traité qui ne comprendrait pas, à la fois, l'armée et la place de Metz, et que M. le général, en présence de l'épuisement des vivres et sur l'ordre du maréchal, a du subir cette solidarité.

Le Conseil a entendu avec la plus profonde tristesse cette irrévocable décision de l'autorité militaire et a reçu, en même temps, l'assurance que les personnes et les propriétés des habitants seraient, en tous cas, l'objet de la sollicitude du commandant supérieur de la place.

PROCLAMATION

Habitants de Metz,

Il est de mon devoir de vous faire connaître loyalement notre situation, bien persuadé que vos âmes viriles et courageuses seront à la hauteur de ces graves circonstances.

Autour de nous est une armée qui n'a jamais été vaincue et qui s'est montrée aussi ferme devant le feu de l'ennemi que devant les plus rudes épreuves. Cette armée, interposée entre la ville et l'assiégeant, nous a donné le temps de mettre nos forts en état de défense et de monter sur nos remparts plus de 600 pièces de canon ; enfin, elle a tenu en échec plus de 200,000 hommes.

Dans la place, nous avons une population pleine d'énergie et de patriotisme, bien décidée à se défendre jusqu'à la dernière extrémité.

J'ai déjà fait connaître au Conseil municipal que, malgré la réduction des rations, malgré les perquisitions faites par les autorités civiles et militaires, nous n'avions de vivres assurés que jusqu'au 28 octobre.

De plus, notre brave armée, déjà si éprouvée par le feu de l'ennemi, puisque 42,000 hommes en ont subi les atteintes, souffre horriblement de l'inclémence exceptionnelle de la saison et des privations de toute sorte. Le conseil de guerre a constaté ces faits, et M. le maréchal commandant en chef a donné l'ordre formel, comme il en a le droit, de verser une partie de nos ressources à l'armée.

Cependant, grâce à nos économies, nous pouvons résister encore jusqu'au 30 courant, et notre situation ne se trouve pas sensiblement modifiée.

Jamais dans les fastes militaires une place de guerre n'a résisté jusqu'à un épuisement aussi complet de ses ressources, et n'a été aussi encombrée de blessés et de malades.

Nous sommes donc condamnés à succomber, mais ce sera avec honneur, et nous ne serons vaincus que par la faim.

L'ennemi, qui nous investit péniblement depuis plus de 70 jours, sait qu'il est prêt d'atteindre le but de ses efforts; il demande la place et l'armée, et n'admet pas la séparation de ces deux intérêts. Quatre ou cinq jours de résistance désespérée n'auraient d'autre résultat que d'aggraver la situation des habitants. Tous peuvent d'ailleurs être bien convaincus que leurs intérêts privés seront défendus avec la plus vive sollicitude.

Sachons supporter stoïquement cette grande infortune et conservons le ferme espoir que Metz, cette grande et patriotique cité, restera à la France.

Metz, le 27 octobre 1870.

Le général commandant supérieur,
COFFINIÈRES.

PROTOCOLE

Entre les soussignés, le Chef d'état-major général de l'armée française sous Metz, et le Chef de l'état-major de l'armée prussienne devant Metz, tous deux munis des pleins pouvoirs de Son Excellence le maréchal Bazaine, commandant en chef, et du général en chef Son Altesse royale le prince Frédéric-Charles de Prusse.

ARTICLE PREMIER

L'armée française, placée sous les ordres du maréchal Bazaine, est prisonnière de guerre.

Art. 2.

La forteresse et la ville de Metz avec tous les forts, le matériel de guerre; les approvisionnements de toute espèce et de tout ce qui est propriété de l'Etat, seront rendus à l'armée prussienne dans l'état où tout cela se trouve au moment de la signature de cette convention.

Samedi, 29 octobre, à midi, les forts de Saint-Quentin, Plappeville, Saint-Julien, Queuleu et Saint-Privat, ainsi que la porte Mazelle (route de Strasbourg), seront remis aux troupes prussiennes.

A dix heures du matin de ce même jour, des officiers d'artillerie et du génie, avec quelques sous-officiers, seront admis dans lesdits forts, pour occuper les magasins à poudre et pour éventer les mines.

Art. 3.

Les armes ainsi que tout le matériel de l'armée, consistant en drapeaux, aigles, canons, mitrailleuses, chevaux, caisses de guerre, équipages de l'armée, munitions, etc., seront laissés à Metz et dans les forts à des commissions militaires instituées par M. le maréchal Bazaine, pour être remis immédiatement à des commissaires prussiens. Les troupes sans armes seront conduites, rangées d'après leurs régiments ou corps, et en ordre militaire, aux lieux qui sont indiqués pour chaque corps. Les officiers rentreront alors, librement, dans l'intérieur du camp retranché, ou à Metz, sous la condition de s'engager sur l'honneur à ne pas quitter la place, sans l'ordre du commandant prussien.

Les troupes seront alors conduites par leurs sous-officiers aux emplacements de bivouacs. Les soldats conserveront leurs sacs, leurs effets et les objets de campement (tentes, couvertures, marmites, etc., etc.)

Art. 4.

Tous les généraux et officiers, ainsi que les employés militaires ayant rang d'officiers, qui engageront la parole d'honneur par écrit de ne pas porter les armes contre l'Allemagne, et de n'agir d'aucune autre manière contre ses intérêts jusqu'à la fin de la guerre actuelle ne seront pas fait prisonniers de guerre; les officiers et employés qui accepteront cette condition, conserveront leurs armes et les objets qui leur appartiennent personnellement.

Pour reconnaître le courage dont ont fait preuve pendant la durée de la campagne les troupes de l'armée et de la garnison, il est en outre permis aux officiers qui opteront pour la captivité d'emporter avec eux leurs épées ou sabres, ainsi que tout ce qui leur appartient personnellement.

Art. 5.

Les médecins militaires sans exception, resteront en arrière pour prendre soin des blessés; ils seront traités d'après la convention de Genève; il en sera de même du personnel des hôpitaux.

Art. 6.

Des questions de détail concernant principalement

les intérêts de la ville sont traitées dans un appendice ci-annexé, qui aura la même valeur que le présent protocole.

Art. 7.

Tout article qui pourra présenter des doutes sera toujours interprété en faveur de l'armée française.

Fait au château de Frescaty, le 27 octobre 1870.

Signé : L. Jarras. — Stiehle.

PLACE DE METZ.

Appendice à la Convention militaire en ce qui concerne la ville et les habitants.

Article premier.

Les employés et les fonctionnaires civils attachés à l'armée ou à la place, qui se trouvent à Metz, pourront se retirer où ils voudront, en emportant avec eux tout ce qui leur appartient.

Art. 2.

Personne, soit de la garde nationale, soit parmi les habitants de la ville, ou réfugié dans la ville, ne sera inquiété, à raison de ses opinions politiques ou religieuses, de la part qu'il aura prise à la défense, ou des secours qu'il aura fournis à l'armée ou à la garnison.

Art. 3.

Les malades et les blessés laissés dans la place recevront tous les soins que leur état comporte.

Art. 4.

Les familles que les membres de la garnison laissent à Metz ne seront pas inquiétées, et pourront également se retirer librement avec tout ce qui leur appartient, comme les employés civils.

Les meubles et les effets que les membres de la garnison sont obligés de laisser à Metz, ne seront ni pillés, ni confisqués, mais resteront leur propriété. Ils pourront les faire enlever dans un délai de six mois, à partir du rétablissement de la paix ou de leur mise en liberté.

Art. 5.

Le commandant de l'armée prussienne prend l'engagement d'empêcher que les habitants soient maltraités dans leurs personnes ou dans leurs biens.

On respectera également les biens de toute nature du département, des communes, des sociétés de commerce ou autres, des corporations civiles ou religieuses, des hospices et des établissements de charité.

Il ne sera apporté aucun changement aux droits que les corporations ou sociétés, ainsi que les particuliers ont à exercer les uns contre les autres, en vertu des lois françaises, au jour de la capitulation.

Art. 6.

A cet effet, il est spécifié en particulier, que toutes les administrations locales, et les sociétés ou corporations mentionnées ci-dessus, conserveront les archives, livres et papiers, collections et documents quelconque qui sont en leur possession.

Les notaires, avoués, et autres agents ministériels conserveront aussi leurs archives et leurs minutes ou dépôts.

Art. 7.

Les archives, livres et papiers appartenant à l'Etat resteront en général dans la place, et au rétablissement de la paix, tous ceux de ces documents concernant les portions de territoire restituées à la France, feront aussi retour à la France.

Les comptes en cours de règlement nécessaires à la justification des comptables ou pouvant donner lieu à des litiges, à des revendications de la part de tiers, resteront entre les mains des fonctionnaires ou agents qui en ont actuellement la garde, par exception aux dispositions du paragraphe précédent.

Fait au château de Frescaty, le 27 octobre 1870.

Signé : Jarras — Stiehle.

Pour copie conforme :

Le général de division, commandant supérieur de Metz,
Coffinières.

VILLE DE METZ.

Le Maire et les Membres du Conseil municipal à leurs concitoyens.

Chers concitoyens,

Le véritable courage consiste à supporter un malheur sans les agitations qui ne peuvent que l'aggraver.

Celui dont nous sommes tous frappés aujourd'hui nous atteint sans qu'aucun de nous puisse se reprocher d'avoir un seul jour failli à son devoir.

Ne donnons pas le désolant spectacle de troubles intérieurs, et ne fournissons aucun prétexte à des violences ou à des malheurs nouveaux et plus complets encore.

La pensée que cette épreuve ne sera que passagère et que nous, messins, n'avons assumé dans les faits accomplis aucune part de responsabilité devant le pays et devant l'histoire, doit être, en ce moment, notre consolation.

Nous confions la sécurité commune à la sagesse de la population.

ARMÉE DU RHIN. — BULLETIN N° 12.

ORDRE GÉNÉRAL.

A L'ARMÉE DU RHIN.

Vaincus par la famine, nous sommes contraints de subir les lois de la guerre en nous constituant prisonniers. A diverses époques de notre histoire militaire, de braves troupes, commandées par Masséna, Kléber, Gouvion-Saint-Cyr, etc., ont éprouvé le même sort qui n'entache en rien l'honneur militaire, quand, comme vous, on a aussi glorieusement accompli son devoir jusqu'à l'extrême limite humaine.

Tout ce qu'il était loyalement possible de faire pour éviter cette fin a été tenté et n'a pu aboutir. Quant à renouveler un suprême effort pour briser les lignes fortifiées de l'ennemi, malgré votre vaillance et le sacrifice de milliers d'existences qui peuvent encore être utiles à la patrie, il eût été infructueux, par suite de l'armement et de forces écrasantes qui gardent et appuient ces lignes : un désastre en eût été la conséquence.

Soyons dignes dans l'adversité ; respectons les conventions honorables qui ont été stipulées, si nous voulons être respectés comme nous le méritons ; évitons surtout, pour la réputation de cette armée, les actes d'indiscipline, comme la destruction d'armes et de matériel, puisque d'après les usages militaires, places et armement devraient faire retour à la France lorsque la paix sera signée.

En quittant le commandement, je tiens à exprimer aux généraux, officiers et soldats, toute ma reconnaissance pour le loyal concours, la brillante valeur dans les combats, la résignation dans les privations, et c'est le cœur brisé que je me sépare de vous.

Au grand quartier général du Ban-Saint-Martin, le 28 octobre 1870.

Le Maréchal de France, commandant en chef,
Signé : BAZAINE.

Pour ampliation :
Le général de division, chef d'état-major général,
L. JARRAS.

Le 28 octobre fût la journée des récriminations ; on avait jeté un voile noir sur la statue de Fabert ; ce héros qui avait défendu la ville jusqu'à la dernière goutte de son sang. La foule stationnait sur la place, et chacun embrassait en pleurant ses amis et ses enfants de l'armée qui venaient faire leurs douloureux adieux. Les habitants espéraient encore en un mouvement sympathique des troupes ; à deux heures, on sonna la mutte et le tocsin. Le peuple ne pouvait se croire abandonné ; on lui avait tant répété : « Vos souffrances sont grandes, mais proportionnées à votre courage. Ne faiblissez pas, chaque jour gagné peut être le salut de la France ; elle se lève en masse, et vient à votre secours ; vous êtes ses enfants et vous tenez son avenir dans vos mains. »

Et les habitants mangeaient du pain de son et du cheval maigre, et ils retiraient de la caisse d'épargne jusqu'au dernier sou de leurs économies, pour acheter les restes de l'armée.

La satisfaction d'avoir accompli leur devoir et l'espoir d'une prochaine délivrance les soutenait, les seules plaintes que l'on entendit étaient poussées par les officiers, et en les écoutant on sentait le souffle impur de l'époque. Ce n'était plus là, le langage des hommes qui font une trouée !

Il y en avait encore de braves ; mais le nombre en était perdu dans la quantité des indifférents, que les lâches seuls dépassaient de la tête.

Ils avaient dit qu'ils viendraient à nous, au moment du danger ; nous les aimions ces frères qui nous promettaient de rester fidèles à la France; nous leur offrions la moitié du peu qui nous restait ; nous les avons appelés au jour indiqué, quand c'était un honneur de désobéir, ils ne sont pas venus !

Les indifférents s'étaient mis au niveau des lâches et avaient étouffé les braves.

Le 29 octobre, jour de deuil pour la France, les forts étaient remis aux Prussiens, ainsi que la porte Mazelle, pendant qu'on conduisait les troupes désarmées, au-delà des lignes et qu'on les livrait *sans contrôle;* mesure dont l'imprévoyance peut avoir la triste conséquence de permettre à nos ennemis, de faire disparaître un grand nombre de prisonniers.

Les officiers gardaient leurs sabres, et demeuraient dans Metz, attendant que les voies ferrées fussent rétablies pour qu'on les transportât à leur destination,

L'entrée triomphale des Prussiens fût une insulte peu généreuse envers des hommes qu'ils ne pouvaient se flatter d'avoir vaincus.

Le maréchal Bazaine ne voulût point assister au spectacle désolant, du départ de cette armée, que son ambition personnelle avait perdue.

Il n'avait pas été acheté par les Prussiens et il ne leur avait rien vendu ; mais la régence de la France lui avait échappé comme autrefois, le trône du Mexique. Il partit seul et sur son passage on lui jeta de la boue en guise de couronne.

Le lendemain, un train quittait Metz et emmenait tous les commandants de corps d'armée.

Le 31, les autres généraux furent dirigés sur la Prusse ; ils emportaient le remords d'avoir été trop crédules, en écoutant le général en chef, qui leur avait dit : que leur rôle serait fini s'ils reconnaissaient un gouvernement établi sur les ruines du trône au pied duquel ils s'étaient élevés.

Le maréchal Bazaine avait pensé qu'en leur faisant partager le sort de leur souverain il diminuerait sa part de honte, et arriverait forcément à la paix, et pour les décider, il avait fait appel à la discipline. Or, la discipline est l'honneur militaire et il ne peut y avoir d'honneur dans la honte.

Le même jour, les Prussiens affichèrent la proclamation suivante aux habitants, et un ordre de départ aux officiers.

PROCLAMATION
AUX HABITANTS DE METZ

La forteresse de Metz a été occupée hier par les troupes prussiennes et le soussigné est provisoirement commandant de la forteresse.

Je saurai maintenir entre les troupes la discipline prussienne éprouvée ; la liberté des personnes et la propriété sont garanties. Les charges qui incomberont ces jours-ci aux habitants, avant que les affaires ne soient tout à fait réglées, doivent être portées, et je reconnaîtrai si les habitants sauront apprécier les circonstances.

Où je rencontrerai de la désobéissance ou de la résistance, j'agirai avec toute sévérité et d'après les lois de la guerre.

Celui qui mettra en danger les troupes allemandes ou leur portera préjudice par des actions perfides, sera traduit devant le conseil de guerre; celui qui servira d'espion aux troupes françaises ou logera des espions français ou leur prêtera assistance; qui montrera volontairement les chemins aux troupes françaises, qui tuera, blessera ou volera les troupes allemandes ou les personnes appartenant à leur suite; qui détruira les canaux, chemins de fer ou lignes télégraphiques; qui rendra les chemins impraticables, qui mettra le feu aux munitions ou provisions de guerre, enfin, qui prendra les armes envers les troupes allemandes, sera puni de la peine de mort.

ARRÊTÉ.

1° Les maisons dans lesquelles ou hors desquelles on commettra des actes d'hostilité envers les troupes allemandes, serviront de casernes;

2° Plus de dix personnes ne pourront se rassembler dans les rues ou sur les places publiques;

3° Toutes les armes qui se trouvent entre les mains des habitants doivent être livrées jusqu'à lundi, 31 octobre, 4 heures de l'après-midi, au palais de la division, rue de la Princerie;

4° Toutes les fenêtres doivent être éclairées en cas d'alarme pendant la nuit.

Metz, le 30 octobre 1870.

Le lieutenant-général de division et commandant,
Signé : Von Kummer.

— 131 —

Le 31 courant, à 10 heures 30 minutes du matin, partira de la gare de Metz, un convoi de Metz à Mayence, par Nancy, pour les généraux et les officiers d'état-major.

La mise en wagon des chevaux aura lieu à sept heures du matin.

MM. les généraux et les officiers d'état-major sont priés de se trouver à la gare une heure avant le départ du convoi.

MM. les officiers subalternes français seront dirigés en Allemagne de la manière suivante :

Mardi 1er novembre 1870.

1er train. 9 heures 30 minutes du matin, à la gare de Metz, par la ligne Metz-Saarbruck : la garnison de Metz.

2e — 11 heures 30 minutes : la garde impériale ; la division de cavalerie de réserve du génie.

3e — 1 heure 30 minutes : 6e corps (Canrobert), division Forton.

4e — 4 heures 15 minutes : 2e corps (Frossard), brigade Lapasset.

5e — 6 heures 15 minutes : 3e corps (Le Bœuf).

— Mercredi 2 novembre 1870.

6e — 6 heures 15 minutes du soir : 4e corps (Ladmirault).

MM. les officiers sont priés d'arriver, avec leurs effets et leurs domestiques, à la gare de Metz, au moins une heure avant le départ du convoi, et de bien vouloir se présenter, pour indiquer leur nom, à un officier prussien qui se trouvera à la gare.

La direction n'ayant pas assez de wagons de personnes, se trouve dans la fâcheuse nécessité de devoir faire usage d'autres wagons, mais qui seront couverts. Ces Messieurs sont priés de prendre les mesures nécessaires afin de pouvoir s'asseoir en route, le maire de la ville ayant déclaré ne pouvoir fournir des siéges.

Metz, 31 octobre 1870.

Le Lieutenant général de la division et commandant,

Signé : Von Kummer.

AUX PRUSSIENS

Vous pouviez jouer un grand rôle, parmi les peuples conquérants; en marchant en vainqueurs, les armes d'une main et la palme de la civilisation de l'autre. Vous êtes entrés en barbares; indifférents à la gloire, vous vous êtes mis dix contre un, et jaloux de notre progrès physique, vous vous êtes servis de la ruse et du feu pour le détruire.

Mais, vous avez oublié notre vengeance. Vous êtes venus avec vos esprits pesants, vous baigner dans le flot des idées ou les royaumes se noient.

Quel fruit ont-ils récolté vos soldats de toute votre conquête, et quel en sera pour eux le résultat dans l'avenir. Ils ont engraissé les vers de nos champs, et quand de sa charrue, le paysan heurtera leur crâne, il le rejettera au loin avec dégoût.

Allez, si l'on vous aime dans votre pays; vous avez eu tort de le quitter; ici, vous ne rencontrerez que haine et vengeance.

Rentrez bêtes fauves dans vos tannières, et veillez bien; car, nous allons apprendre à nos enfants comment on détruit vos petits.

TABLE DES MATIÈRES

PAR DATES ET PAR PAGES

Dates.	PRÉFACE.	Pages.
20 Juillet	— Arrivée de l'Artillerie à Forbach	16
22 —	— La brigade Bastoul campe à Spicheren	17
24 —	— Le général Bataille reçoit l'ordre de prendre Sarrebruck	17
28 —	— Première canonnade à Spicheren	18
29 —	— Arrivée des mitrailleuses à Forbach, joie des soldats	19
31 —	— La division Laveaucoupet traverse Forbach	20
1ᵉʳ Août	— Barbarie des Prussiens à Petite-Rosselle	20
2 —	— Prise de Sarrebruck par la division Bataille	21
3 —	— La division Vergé remplace la division Bataille à Sarrebruck	24
4 —	— La division Bataille campe sur les hauteurs d'Œtingen	25
6 —	— Bataille de Forbach, engagement des divisions Laveaucoupet, Vergé et Bataille	25
7 —	— Le deuxième corps opère sa retraite sur Sarreguemines, et rencontre la brigade Lapasset du cinquième corps	30
10 —	— L'armée du Rhin est repliée sur Metz	35
13 —	— Affaire de Pont-à-Mousson. Le départ de Metz de l'Empereur est décidé	37
14 —	— L'Empereur et son fils logent à Longeville-les-Metz. Le deuxième corps va camper à Rozerieulles, le quatrième corps effectue aussi son mouvement de retraite de Saint-Julien vers la rive gauche de la Moselle. A quatre heures le troisième corps est attaqué. Bataille de Borny	38

II

Dates.		Pages.
15 Août	— Une batterie prussienne tire sur la maison de l'Empereur à Longeville. L'Empereur va coucher au Point-du-Jour, près Gravelotte...	44
16 —	— Bataille de Gravelotte	46
17 —	— Vive canonnade des Prussiens contre le fort de Queuleu	58
18 —	— Bataille de Saint-Privat-la-Montagne...........	59
19 —	— Investissement complet de Metz. L'armée est concentrée dans le périmètre des forts. Organisation des ambulances de l'Esplanade. Destruction des environs de Metz...............	65
22 —	— Le Maréchal Le Bœuf et le troisième corps qu'il commande viennent occuper les hauteurs de Saint-Julien..,..................................	68
23 —	— Enquête faite sur les vivres ; Emilien Bouchotte. L'observatoire du fort de Queuleu............	68
25 —	— Réclamations des médecins civils. Protestation des habitants de Metz......................	70
26 —	— Les troupes se massent en avant de Sainte-Barbe, pour attaquer l'ennemi. A trois heures contre-ordre..., ...	73
27 —	— Les troupes ont repris leurs campements......	74
28 —	— Ordre du Maréchal Bazaine de faire donner aux troupes trois jours de vivres................	74
30 —	— Ordre de se tenir prêt à partir à midi. Contre-ordre au moment du départ..................	75
31 —	— Bataille de Servigny-les-Sainte-Barbe..........	76
1ᵉʳ Septembre..	— Retraite de Servigny. L'armée reprend ses positions sous Metz............................	81
2 —	— Mort du général Decaen......................	86
4 —	— Entrevue avec le Maréchal Canrobert..........	86
6 —	— On apprend par des rumeurs le désastre de Sedan. On termine la défense des forts......	87
9 —	— Vive canonnade des Prussiens contre tous les forts; cette attaque masque le passage des prisonniers de Sedan. *Instructions pour les combats* faite par le général de Ladmirault...	87
11 —	— On reçoit la *Gazette de la Croix*...............	92
13 —	— Proclamation du général Coffinières, annonçant le désastre de Sedan........................	92

Dates.			Pages.
14 Septembre.	—	Le prince Murat veut faire faire un ballon pour se sauver. La presse Messine..................	94
18	—	— On reçoit par un journal officiel trouvé sur un prisonnier, la composition du Gouvernement provisoire et le remplacement du préfet Paul Odent.................................	95
19	—	— Le bruit court que le roi de Prusse ne veut traiter de la paix qu'avec l'Impératrice ou le Maréchal Bazaine...........................	95
20	—	— Les fourrages manquent..................	95
21	—	— Le sel manque, on emploie de l'eau salée de la source du fort Belle-Croix...................	96
22	—	— Fourragement de Lauvallier. Le père Hitter chef des partisans.............................	96
23	—	— Arrêté concernant les denrées alimentaires. Fourragement sur Vany....................	98
24	—	— La société Internationale de secours aux blessés sur le champ de bataille de Vany........... Appel aux vignerons......................	99 100
25	—	— Revue de la Garde Nationale...............	101
26	—	— Départ du général Bourbaki................	101
27	—	— Affaire de Peltre.........................	102
28	—	— Incendie de Sainte-Agathe.................	103
29	—	— Incendie de la Maxe......................	103
2 Octobre....		— Prise du château de Ladonchamps............	104
3	—	.... — On distribue quatre jours de vivres aux troupes.	104
4	—	.... — Le général Coffinières fait appel au patriotisme des campagnards réfugiés dans Metz.........	104
5	—	.... — Canonnade des Prussiens sur Ladonchamps....	105
6	—	.... — Le fort de Saint-Quentin démonte les batteries de Jussy.................................	105
7	—	.... — Affaire de Ladonchamps, dernier engagement de la campagne..........................	105
9	—	.... — Canonnade du fort Saint-Quentin sur le château de Frescati..............................	108
11	—	.... — Proclamation de la République. Le maréchal Bazaine proteste contre toute idée de capitulation...................................	109
12	—	.... — Le peuple crie à la trahison................	109

IV

Dates.		Pages.
14 Octobre	— On couronne la statue de Fabert d'immortelles.	110
15 —	— Mort de Robert Duparc	111
16 —	— Le général Boyer	111
17 —	— On s'occupe de la question des vivres	112
18 —	— On rationne les habitants. Fausses nouvelles apportées par le général Boyer	113
19 —	— Nouveau départ du général Boyer. Agitation dans la ville	114
20 —	— La capitulation est décidée en principe	115
23 —	— On fait des réunions pour engager les officiers à ne point accéder aux volontés du maréchal Bazaine. Beaucoup promettent	115
24 —	— Toutes les combinaisons du maréchal Bazaine ont avorté	115
25 —	— Le maréchal Changarnier tente une démarche auprès du prince Frédéric-Charles	115
26 —	— Le conseil municipal de Metz, reçoit du maréchal Bazaine communication de l'Ultimatum Prussien	116
27 —	— Proclamation du général Coffinières aux habitants. Protocole pe la capitulation	117
28 —	— Ordre général à l'armée du Rhin. Journée des Récriminations	125
29 —	— La ville de Metz et les forts sont rendus aux Prussiens. Leur entrée, départ de Bazaine	128
30 —	— Départ des généraux en chef	128
31 —	— Départ des généraux de l'armée. Proclamation Prussienne AUX PRUSSIENS	129

IMPRIMERIE AUGUSTE BORD.

DU MÊME AUTEUR

PARU

CHEZ DENTU, PALAIS-ROYAL

PARIS

Tantô: Eiji
Les Ambitieux de Province

À PARAÎTRE

Le Gouvernement de Bordeaux

DE M. ALFRED SIMON

DE TOURS A BORDEAUX

Les Libraires qui désireront un dépôt pourront écrire
directement à l'adresse de l'auteur, rue [...]

À BORDEAUX

www.ingramcontent.com/pod-product-compliance
Lightning Source LLC
Chambersburg PA
CBHW060153100426
42744CB00007B/1017